HEADStart

measuring & shape

Shirley Clarke & Barry Silsby

Illustrated by Lorna Kent

Headway · Hodder & Stoughton

Research has shown that when children and parents work together at home, the child's work at school improves.

The purpose of the *Headstart* books is to provide activities which your child will enjoy doing and which will encourage learning to take place in the home.

Each of the activities is linked to one or more of the Attainment Targets of the Maths National Curriculum. (See the chart on p. 24.)

You can help your child get the most out of this book by

- *giving help* where necessary (for example, by reading instructions, helping to fill in a table);

- *reading the advice below.* This gives further information and explains the purpose of each activity;

- *talking* to your child about an activity, to encourage him or her to put thoughts into words;

- *encouraging* your child to be a 'scientist' (by asking why and how things happen and trying to think of ways to find out);

- *showing enthusiasm* and interest in your child's involvement in the book. (Confidence grows with adult approval.)

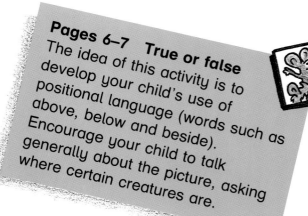

Pages 4–5 Pet shop problems
This activity involves your child in matching relative sizes without measuring, and in the idea of nesting (that objects fit into bigger containers). Help your child to draw a line from the animal to its house if they are worried about this.

Pages 6–7 True or false
The idea of this activity is to develop your child's use of positional language (words such as above, below and beside). Encourage your child to talk generally about the picture, asking where certain creatures are.

Pages 8–9 Natural symmetry

If your child has difficulty in matching the colours, use a hand mirror placed upright along the middle of the creature to create its mirror image so that the colours will be clearly visible. Make sure your child has all the correct colour felt pens or pencils available.

Pages 10–11 Fill it up

Help your child with the idea of 'full'. Because we often say a container is full when it is not completely filled, children can get confused. Show your child that 'full' means right up to the brim or this activity will not work properly. A waterproof apron would be advisable!

Page 12–13 Shape game

This strategy game should be good fun and provide a good focus for discussion about shapes. The shapes have been labelled to encourage children to use the names during the game. Some of the shapes are irregular so that children will see that a pentagon, for instance, can be any five-sided shape.

Pages 14–15 Shape hunt

The National Curriculum requires that children should recognise these 3D shapes as well as the 2D shapes. Look at cylinders, cuboids and other shapes around the house as they are best described and explored at first hand.

Pages 16–17 My toys

If necessary, help your child to make sure the toys all line up at the bottom as children often do not do this when ordering size. You may need to help your child in using a tape measure. It will be a valuable experience even if they find it difficult to read the numbers.

Pages 18–19 Food

You may need to draw the first line or arrow for your child, as they may lack confidence to begin with. Help your child count up the number of likes and dislikes afterwards. This is a mapping diagram which is a way of representing data.

Pages 20–21 Vegetable survey

This activity involves your child in conducting a survey, following on from the previous activity. You may need to help them with writing the names, but try to encourage your child to do the ticks alone. You may also need to help count up the ticks. Encourage your child to feel important, asking what they have found out at the end.

Pages 22–23 What fits?

This activity is about logical sorting. Your child will need to consider two things at once – size and object for instance. It may be wise to encourage your child to draw with a lead pencil first in case, through discussion, they want to rub out if the object is the wrong size.

Pet shop problems

The pet shop has just had a new delivery of animals.
Can you help the owner put them into the right place?

Draw a line from each animal to their home.
Make sure the home is big enough!

True or false

Look carefully at the picture of Noah's ark.
Underline true or false for each statement.

1 The elephant is under the monkey. True / False

2 Noah is inside the ark. True / False

3 The monkey is next to Noah. True / False

4 The bear is beside the giraffe. True / False

5 The whale is above the ark. True / False

6 The lion is behind the cat. True / False

7 The mouse is on the roof. True / False

8 The bird is above the ark. True / False

Make up some true or false statements of your
own to ask someone else.

Natural symmetry

Most creatures are symmetrical.
This means they have the same pattern on
each half of their bodies.

Complete these creatures by colouring in
the black and white half exactly the same
as the coloured half.

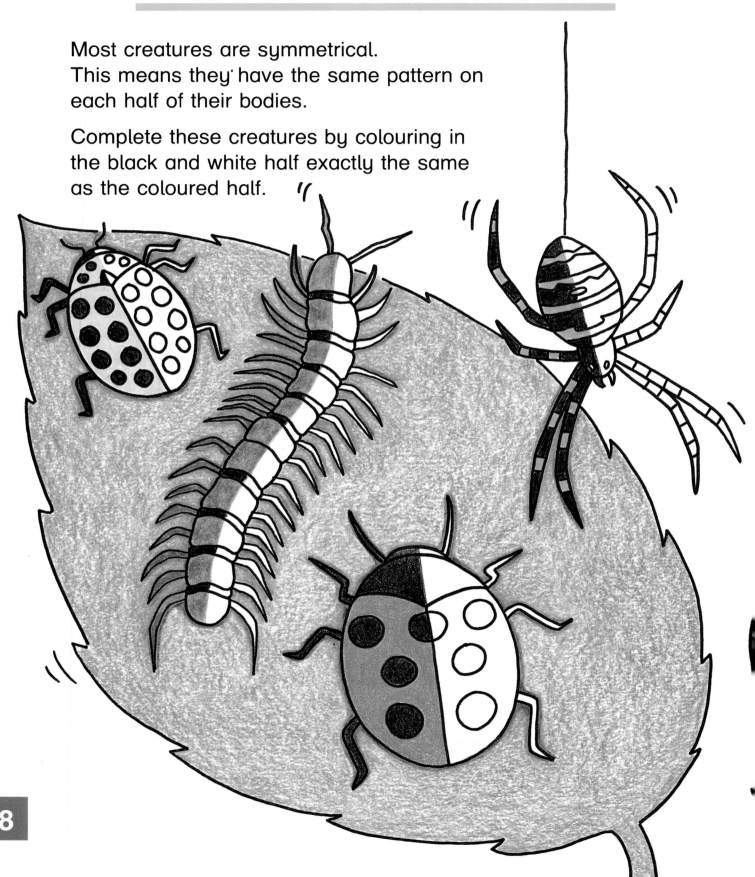

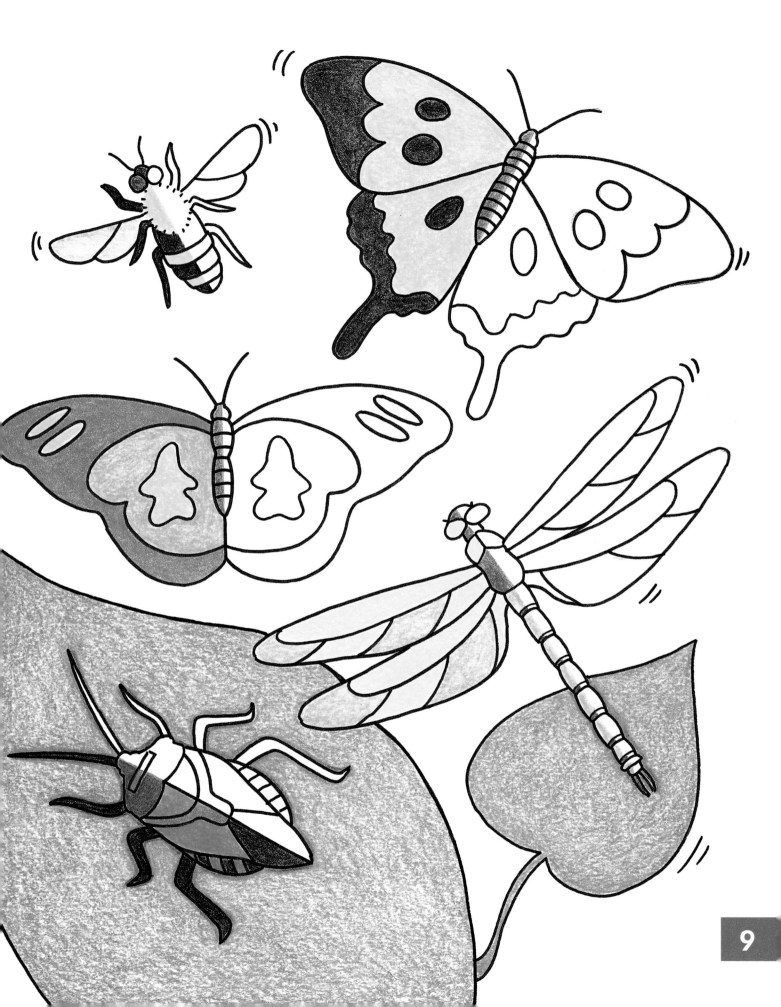

Fill it up

Ask a parent if you can do this.

Find two different empty waterproof containers in your kitchen. (Try bottles, plastic bowls, boxes, cups or mugs.)

Perhaps you chose two like this.

Fill one container with water.

Do you think it will pour exactly into the second container?

Or will it overflow?

Or will it not fill it?

Try pouring the water in to find out.

Were you right?

Different shapes make it difficult to tell how much liquid containers can hold.

Collect more containers.

See if you can find two different shaped containers which hold the same amount by pouring water from one to another.

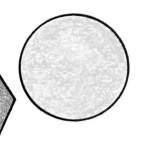

Shape game

A game for 2 players

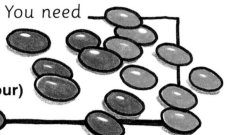

You need

A dice
16 counters
(8 of each colour)

Rules

- Each person rolls the dice.
  The person with the highest score goes first.

- Take it in turns to roll the dice, using
  a counter to cover a shape with the
  same number of sides as the number
  shown on the dice.

- Miss a turn if there are no shapes left
  with the correct number of sides.

The winner is the first person to get
four of their counters in a row up,
across or diagonally.

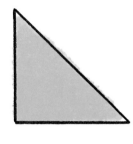

triangle

hexagon

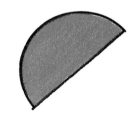

semicircle

pentagon

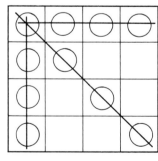

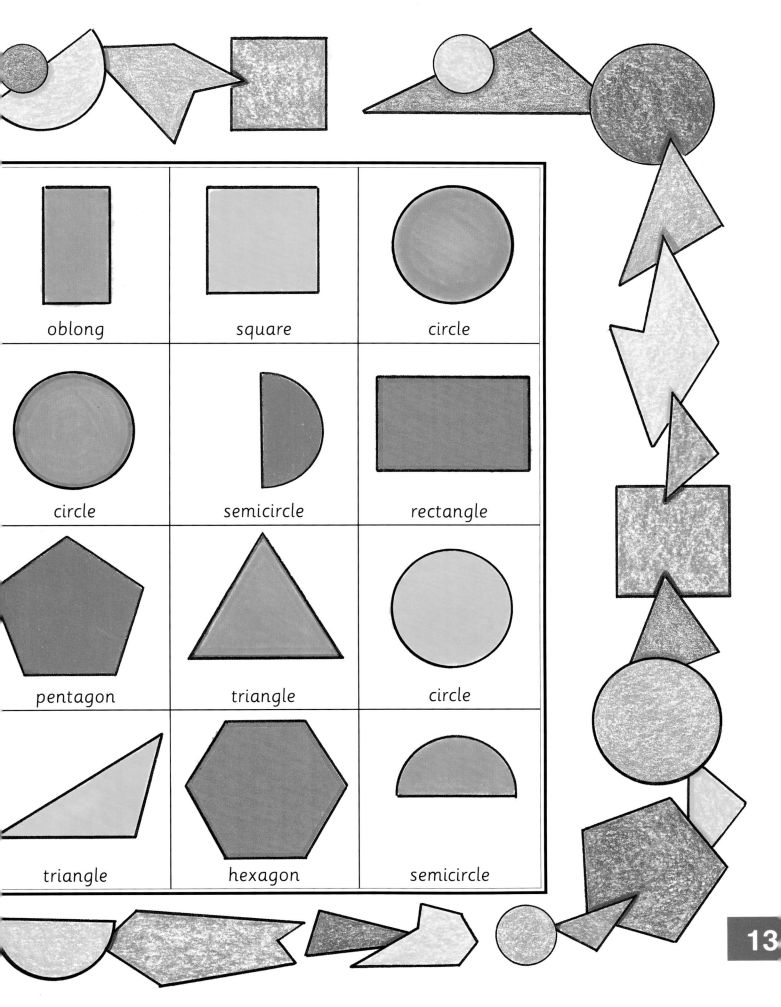

oblong	square	circle
circle	semicircle	rectangle
pentagon	triangle	circle
triangle	hexagon	semicircle

13

Shape hunt

There are lots of shapes hidden in the toyshop window.

Can you find   3 cubes

   3 cuboids

4 oblongs

   2 triangles

2 spheres

   4 cylinders

4 cones

Put a cross on each shape as you find it.

Can you find even more?

My toys

You need

A tape measure

Choose four of your toys to measure.

Lay them out in order of size.

Now use a tape measure to measure their height.
(Ask an adult if you are not sure how to do this.)

Write your toys' names and heights here.

toy's name	height

How tall are you?

my name _____ my height _____

Food

What do you like to eat?

Draw your favourite food on this plate.

Draw your least favourite food on this plate.

Do you like these foods?

Draw a line from the foods you like to the 😊

Draw a line from the foods you don't like to the ☹

Try this on someone else.

Use a different colour to show which foods they like or dislike.

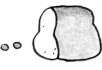

19

Vegetable survey

Find out which vegetables your family likes best.

Fill in your family's names.

Ask them which of these vegetables they like.

Tick all the vegetables they like.

Peas
Sweet corn
Brussel sprouts
Cauliflower

my family's names	peas	sweet-corn	brussel sprouts	cauli-flower	baked beans	cabbage

Count up the ticks and fill in
the chart.

vegetable	number of ticks
peas	
sweet corn	
brussel sprouts	
cauliflower	
baked beans	
cabbage	

Which vegetable is your family's favourite?

Make sure you tell the person who cooks
the meals what you have found out!

What fits?

red   **blue**

bus

car

Look at this:

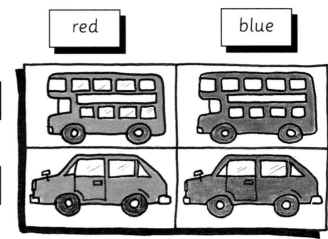

The labels at the side tell you what to draw.

The labels at the top tell you how to draw it.

Here is another one:

tall   **short**

girl

boy

Can you fill
in the space?

big   **small**

car

house

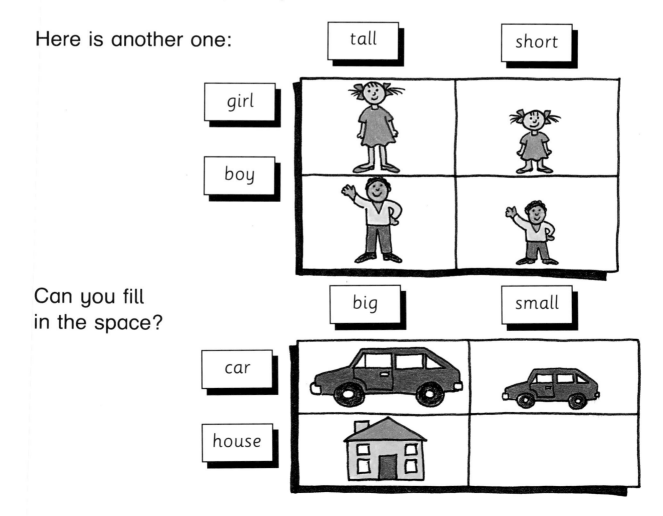

22

Now fill in one on your own.

green

red

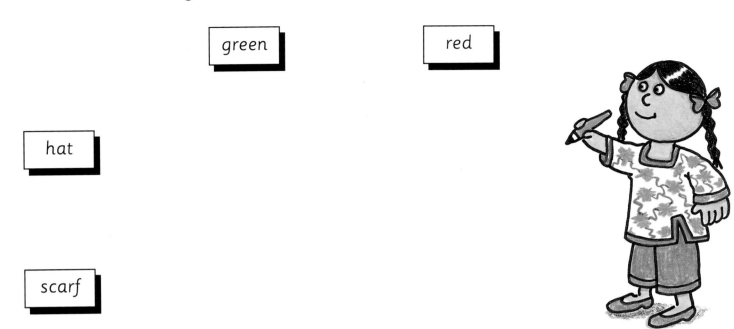

hat

scarf

Can you make up one for yourself?

MEASURING AND SHAPE LINKS
WITH THE NATIONAL CURRICULUM

ACTIVITY	USING MEASURES IN PRACTICAL TASKS	MEASURES (LENGTH, CAPACITY ETC)	USING SHAPE AND DATA HANDLING IN PROBLEMS	2D AND 3D SHAPES	LOCATION OF SHAPES	COLLECTING AND RECORDING DATA	REPRESENTING AND INTERPRETING DATA
Pet shop problems		✔					
True or false					✔		
Natural symmetry			✔	✔	✔		
Fill it up	✔	✔					
Shape game			✔	✔			
Shape hunt				✔			
My toys	✔	✔				✔	
Food							✔
Vegetable survey			✔			✔	✔
What fits?						✔	✔

British Library Cataloguing in Publication Data

Clarke, Shirley
  Headstart: measuring and shape. – (Headstart)
  I. Title   II. Silsby, Barry   III. Series
  372.7

ISBN 0–340–54456–2
First published 1991
Second impression 1992

Designed and typeset by DP Press Ltd, Sevenoaks, Kent
Printed in Hong Kong for the educational publishing division of Hodder & Stoughton Ltd, Mill Road, Dunton Green, Sevenoaks, Kent by Colorcraft.

CUENTOS INFANTILES

Historias ilustradas a todo color que te ayudan a entender tus emociones y a enfrentarte a tus miedos. Historias cortas, educativas y únicas para dormirse en pocos minutos.

Alice De Santis

SUMARIO

INTRODUCCIÓN

La imaginación tiene un propósito esencial y vital para nosotros. Cualquiera que disfrute de la lectura sabe que ésta puede llevarnos donde el autor y nuestra imaginación decidan, transportándonos a otro tiempo o lugar. Al leer, no sólo aprendemos cosas que nunca hemos visto, sino que también aprendemos cosas que nunca han estado en este mundo. La imaginación nos permite vivir en el país del nunca jamás y esto, a su vez, nos permite crear nuestras propias historias y mundos. Imagina lo aburrida que sería la vida sin la fantasía. La fantasía alimenta nuestros sueños y nuestra imaginación. Ese combustible se llama inspiración y la inspiración es la base de la creatividad. La creatividad es el origen de la invención. Todo comienza con la imaginación y un mundo interior vívido, y la mejor manera de alimentar ese mundo interior en los niños empieza con un cuento antes de dormir.

La ciencia ha demostrado que los niños a los que se les lee antes aprenden a leer más rápido y tienen mejor comprensión y vocabulario. El mundo de la fantasía ayuda a los niños a ampliar su mente y su imaginación. Cuando un padre lee un cuento a su hijo, está alimentando su imaginación. Esto es muy importante porque de la imaginación es de donde salen nuestras mejores y más significativas creaciones, inventos e ideas. Esas creaciones e inventos se convierten en la tecnología de la siguiente generación. Las ideas crecen y se extienden hasta convertirse en movimientos y a veces se convierten en historias por derecho propio para la siguiente generación de lectores y soñadores.

Cuando los niños son muy pequeños, no entienden necesariamente los beneficios prácticos de la lectura antes de dormir; lo único que saben es que les gusta que les cuenten un cuento. La hora del cuento antes de acostarse es el momento en el que se crea un vínculo con mamá, papá o ambos. Los niños son arrullados por el sonido de la voz de su madre o de su padre y el cuento de hadas es la inspiración de los sueños que pueden tener por la noche. Los cuentos de hadas también son un alimento para la mente consciente de los niños mientras pasan sus días. Los niños también reciben una fuerte influencia en los rasgos de su personalidad; a través de los cuentos de hadas, aprenden muchos de los valores y rasgos de carácter a los que se aferrarán y que, con suerte, demostrarán más adelante cuando crezcan. Aprenden a quién quieren emular, quién quieren ser y cómo deben tratar a los demás. Las historias de fantasía tienen una ventaja añadida: permiten que sus mentes trabajen y estimulan su imaginación.

BENEFICIOS DE LA LECTURA EN VOZ ALTA

Los beneficios de leerle cuentos a tu hijo antes de irse a la cama (aunque sea durante 10-15 minutos) son muchos. Veamos algunas de ellas.

1. **Escuchar cuentos ayuda a desarrollar el lenguaje y la memoria.** Cuando el niño escucha el cuento, aprende nuevas palabras y sus significados (enriqueciendo así su vocabulario), mejora su capacidad de comunicación y aprende más rápido.

2. **Permite el desarrollo de habilidades emocionales.** Los cuentos de hadas permiten que el niño se identifique con los personajes de las historias y esto le ayuda a reconocer y afrontar con valor sus miedos.

3. **Estimula el razonamiento.** Cuando un niño escucha un cuento, desarrolla su capacidad de atención y aprende a ordenar mentalmente lo que tiene que imaginar. Este ejercicio es muy importante para poder pensar de forma organizada.

4. **Estimula la imaginación y la creatividad.** Permite que el niño se sumerja de una manera fantástica y mágica antes de irse a dormir.

5. **Transmitir valores.** Los cuentos de hadas abordan problemas de la vida real a través de personajes y situaciones irreales. Estos personajes encarnan valores y definen normas de comportamiento precisas. La lectura le ayuda a enfatizarlas aún más a través de las expresiones faciales, el tono de voz y las pausas. Si haces hincapié en la historia, tu hijo la interpretará según tu sistema de valores.

6. **Cree una rutina tranquilizadora.** El momento del cuento para dormir te permite pasar un rato con tu hijo, abrazarlo y tranquilizarlo antes de dormir. Crear esta pequeña rutina cada noche reforzará vuestro vínculo.

7. **Incentivar el deseo de aprender a leer.** Escuchar un cuento todas las noches, observar lo que haces y la forma en que lees, sólo aumentará el deseo de tu hijo de hacer exactamente lo mismo que tú y leer por su cuenta.

A QUÉ EDAD EMPEZAR

Puedes empezar a leerle un cuento a tu hijo a partir de los seis meses de edad. Aunque el nivel de atención es muy bajo en esta edad, el niño es receptivo a la escucha, percibe el ritmo de las palabras, el tono y las pausas. Una voz tranquila y relajada tiene un efecto calmante en los niños y puede tranquilizarlos, incluso a una edad muy temprana.

CÓMO SE HACE

A continuación te ofrecemos algunos consejos importantes que debes aplicar cuando decidas empezar a leerle cuentos a tu hijo.

1. Elige un lugar que sea cómodo para ti y para tu hijo, sin elementos de distracción.

2. Si tu hijo es muy pequeño, sostenlo en brazos para que pueda mirar las páginas y manipular el libro. A medida que crezca, señalará con su dedo meñique los dibujos que más le llamen la atención.

3. Lee con énfasis, cambiando el ritmo de la narración y haciendo pausas de vez en cuando (aunque estés cansado, esfuérzate por enfatizar las historias que lees). Déjate llevar por la historia, pero también deja que tu hijo haga preguntas.

4. No fuerces la elección de los textos a leer, sino deja que sea él quien elija qué historia quiere que le leas. Vuelve a leer sus cuentos favoritos tantas veces como el niño lo pida, incluso si pide el mismo cuento varias veces seguidas.

5. No imponer la escucha y la atención. Un niño de pocos meses tiene una capacidad de atención de pocos minutos en comparación con un niño mayor.

El tiempo de lectura debe convertirse en un pequeño momento de alegría en el que pases un rato con tu hijo. Recuerda que es una experiencia importante para los más pequeños y que debe ir acompañada de paz, tranquilidad y amor.

Esta colección de cuentos contiene historias, cuentos de hadas y fábulas con diferentes objetivos. Para ello, el libro se ha dividido en 4 capítulos:

CAPÍTULO 1: CUENTOS QUE DESARROLLAN LA CONCIENCIA Y LA AUTOESTIMA

CAPÍTULO 2: CUENTOS DE HADAS

CAPÍTULO 3: LA FANTASÍA

CAPÍTULO 4: HISTORIAS CONTADAS CON TÉCNICAS DE RELAJACIÓN

En el primer capítulo encontrarás cuentos que pretenden desarrollar la conciencia y la autoestima de tu hijo. La adquisición de la conciencia de sí mismo es un camino que comienza en la infancia y continúa en la edad adulta. Pero, ¿cómo desarrollan los niños la conciencia y la autoestima? ¿Y cómo puede ayudarles la lectura en esto? Hay historias, cuentos y fábulas que pueden ayudar a los niños a aumentar su confianza en sí mismos. Muy a menudo, los miedos, la ansiedad y las inseguridades de los adultos tienen su origen en la infancia. Los adultos que hoy son inseguros fueron niños inseguros. Las historias y los cuentos que encontrarás en este libro están pensados para aumentar la autoestima de tus hijos y son una valiosa ayuda para vosotros como padres. Además de tener una finalidad lúdica, las historias te dan la oportunidad de reflexionar sobre el comportamiento de los personajes, identificarte con ellos y superar los mismos miedos a los que se enfrentan. Por lo tanto, la clave para superar los miedos, las inseguridades y los temores y para desarrollar una mayor autoestima en uno mismo reside en la identificación.

El segundo capítulo contiene fábulas protagonizadas por animales que encarnan cualidades y defectos humanos. Cada fábula tiene siempre una moraleja o lección que descubrir. El tercer capítulo permitirá a tu hijo desarrollar su imaginación a través de fantásticas historias de princesas, dragones y unicornios. Aprenderá a enfrentarse a los problemas identificándose con los personajes, a desarrollar la resiliencia emocional comprendiendo que a todo el mundo le pasan cosas malas en la vida y que siempre habrá retos que afrontar, y aprenderá a desarrollar el pensamiento crítico.

El cuarto y último capítulo fue creado con la intención de conseguir que su hijo se duerma muy rápidamente. Los cuentos propuestos han sido escritos con técnicas específicas de relajación que le ayudarán a preparar completamente a su hijo para ir a la cama, de modo que no luche contra la idea de dormirse en un momento en el que debería estar tumbado, cerrando los ojos y rindiéndose al sueño. En este capítulo encontrarás varias ideas que pueden utilizarse de forma independiente o combinada para crear un entorno mucho más tranquilo en el que los pequeños puedan desarrollar una idea sana de la hora de acostarse y lograr un sueño de calidad que les ayude a tener éxito en todo lo que se les presente día tras día a medida que crezcan.Esperamos que tanto tú como tus hijos disfrutéis de los cuentos que hemos elegido para vosotros y que les ayuden a superar todos sus miedos y a adquirir conciencia de sí mismos. Estamos seguros de que, aplicando todas las sugerencias que hemos revisado, vivirás momentos mágicos.

"Si quieres que tu hijo sea inteligente, cuéntale cuentos; si quieres que sea muy inteligente, cuéntale más". - Albert Einstein

¡Feliz lectura! - Alice De Santis

LA HORMIGA Y LA MARIPOSA

En un momento u otro de nuestra vida nos dirán, o nos han dicho, que ampliemos nuestros horizontes. ¿Quién no ha tenido un padre que le diga: "¡Pruébalo! ¿Te puede gustar? Esto significa que no debemos limitarnos a nuestros conocimientos y nuestra forma de vida como única posibilidad. Si sólo viviéramos de una manera o sólo permitiéramos que otros nos definieran sin intentar algo nuevo, nos convertiríamos en esclavos como las hormigas o las abejas cuyo único propósito es aquello para lo que nacieron. Sólo seguiríamos en la vida de una manera, sin interés ni exploración, y muy probablemente no experimentaríamos mucha alegría en nuestras vidas. Probar algo nuevo, incluso algo inesperado, nos permite definirnos. Permitirnos vivir una vida que nos inspire y nos dé alegría no sólo nos hace más felices en nuestras vidas, sino que nos abre a todas las posibilidades de la vida, incluyendo nuevas amistades con quienes son diferentes a nosotros. Esto, a su vez, nos enriquece como individuos.

***

Dikra era una hormiga soldado. Su vida consistía en moverse por la selva con su gran grupo de hormigas soldado. Hicieran lo que hicieran, fueran donde fueran, lo hacían juntos. Dikra era sólo un miembro de los miles de su grupo. Se desplazaban por el suelo de la selva, buscando comida y limpiando el suelo de la selva.

Las hormigas comían a toda prisa porque no paraban de moverse. En realidad, ésta era la única vida que Dikra había conocido. Había nacido en la colonia por la reina, como la mayoría de los demás miembros de la colonia.

Aunque no podía recordar cuándo era una larva, sabía que había nacido en el nido temporal hecho por otras hormigas cuyo trabajo era proteger a la reina. Como todas las demás hormigas, Dikra mantuvo sus antenas en el suelo y siguió trabajando como parte del campamento.

A veces se preguntaba si había otra forma de vivir. Mientras el grupo se movía por el terreno, de vez en cuando Dikra se fijaba en otros animales. Observaba el vuelo de los pájaros, veía a las lagartijas moverse, a veces comiéndose a alguna de sus compañeras. Le gustaba observar a las abejas mientras zumbaban durante su jornada. No pudo evitar preguntarse por esas otras criaturas. Se preguntaba si estos animales disfrutaban de su vida. ¿Tenían un propósito como las hormigas soldado? ¿Los animales que no viven en grupo se sienten solos? Para ser

sinceros, a veces *Dikra* se sentía sola aunque estuviera rodeada de otras hormigas soldado. Una vez, intentó preguntar a otra hormiga sobre sus preocupaciones.

"¿Te has preguntado alguna vez cómo es ser un pájaro?", le preguntó *Dikra* al soldado llamado 3446. Todas las hormigas que nacieron para ser verdaderos soldados fueron nombradas con números.

"¿Por qué debería hacerlo?", preguntó 3446.

"Bueno, a veces pienso que sería divertido volar o posarse en lo alto de un árbol", explicó *Dikra*.

"Nacemos en el hormiguero. Nuestro propósito es proteger y alimentar al hormiguero", le dijo 3446. "No puedo imaginar otra vida. ¿Por qué debería hacerlo? Además, los pájaros se comen a los nuestros".

"De acuerdo", dijo *Dikra*. Le parecía que 3446 no tenía interés en nada más para vivir en el hormiguero. Se dio cuenta de que todas las demás hormigas sentían lo mismo. Pero *Dikra* pensaba de otra manera. No pudo evitar que su vida en el hormiguero le pareciera monótona. Pero supuso que 3446 tenía razón. Así era la vida de las hormigas. Y así, *Dikra* siguió viviendo su vida. Siguió haciendo su trabajo todos los días y continuó yendo a todos los lugares a los que iba su grupo. Se decía a sí misma que estaba sirviendo a su propósito. Sin embargo, cuando miraba al cielo azul, no podía evitar imaginarse volando como un pájaro. Se imaginó cómo sería

tener alas de colores como las mariposas. Todos los días eran iguales. Y cada día, *Dikra* se encontraba pensando en plumas y alas de mariposa.

La fascinación de *Dikra* por los animales que pueden volar no sólo influye en sus pensamientos durante el día. Por la noche, sus sueños estaban llenos de mariposas, polillas, libélulas y colibríes. En sus sueños, *Dikra* podía volar simplemente batiendo las alas. Las alas de sus sueños eran suaves y brillantes y estaban llenas de todos los colores que se le ocurrían. En su sueño, podía volar por encima de las copas de los árboles y revolotear sobre las flores como una abeja o un colibrí. Cada mañana *Dikra* se despertaba para ver que estaba como siempre: sin alas. No le molestó que no tuviera alas. Incluso las pocas hormigas que tenían alas sólo las utilizaban para hacer provisiones.

"De todas formas, ¿qué haría yo con las alas?", se preguntó *Dikra*. "Mi trabajo no requiere alas". *Dikra* era una recolectora. Este era el trabajo para el que había nacido. Verás, los trabajos de las hormigas soldado se eligen para ellas según lo que sea mejor para el hormiguero. Las hormigas soldado nunca cambian de trabajo y su situación es la misma durante toda su vida.

Dikra siguió buscando. Justo cuando iba a coger un trozo de comida, oyó un ruido. Al mirar a su alrededor, descubrió que una gigantesca mariposa azul acababa de salir de su capullo.

Dikra dejó la comida que había recogido para poder ver de cerca a la mariposa. Nunca había visto unas alas tan grandes. El color azul era tan vibrante que brillaba casi como el sol. La mariposa agitaba lentamente sus gigantescas alas. Cuando sus alas se cerraron, *Dikra* observó que en la parte inferior eran de color marrón con un dibujo de lo que parecían ojos de búho. Observó hipnotizada cómo la mariposa batía lentamente sus alas, haciendo que pareciera que sus colores cambiaban. Azul, marrón, azul. *Dikra* nunca había visto nada tan hermoso. Entonces la mariposa miró a *Dikra* y le sonrió.

"¡Hola! Me llamo Alba ", se presentó la mariposa.

"Soy *Dikra* ", dijo.

"¿Dónde están tus alas?", preguntó Alba.

"No tengo", dijo *Dikra*.

"¡Oh, no! ¿Qué les ha pasado?", preguntó Alba.

"Nunca tuve alas", dijo *Dikra*.
"Nací sin alas".

"Yo también nací sin alas", dijo Alba. "Acabo de recibir los míos y están casi secos".

"¿Cómo conseguiste las alas?", preguntó *Dikra*, "¿Y cómo se mojaron?".

"Bueno, cuando era una oruga, comía y comía y comía, luego hacía mi capullo. Después de hacer el capullo me quedé profundamente dormido. No sé cuánto tiempo dormí, pero cuando me desperté, ya no era una oruga. Yo era una mariposa, y estaba toda doblada en el capullo. Así que me liberé, desplegué mis alas y ahora las estoy batiendo para secarlas. Cuando se sequen, supongo que volaré por ahí, beberé algo de néctar de las flores y disfrutaré del sol".

Eso le sonó delicioso a *Dikra*. Deseaba poder volar con unas hermosas alas.

"¡Me encanta! Me gustaría poder hacer eso también", dijo *Dikra*.

"Cuando tengas alas, tú también podrás volar", dijo Alba.

"No, por desgracia mi especie no tiene alas", dijo *Dikra*. "Algunas hormigas vuelan, pero yo no".

"Oh, lo siento mucho", dijo Alba. "No puedo esperar a volar. He oído que es lo mejor del mundo".

"Sólo puedo imaginarlo", dijo *Dikra*. Justo cuando iba a decir algo más, oyó que alguien la llamaba por su nombre". Creo que será mejor que me vaya", dijo *Dikra*. "Fue un placer conocerte".

"También fue un placer conocerte", dijo Alba. "Quizá nos volvamos a ver pronto".

"Eso espero", dijo *Dikra*. "No sé cuánto tiempo va a estar nuestro grupo aquí, pero me gustaría saber cómo volar".

"¡Cuenta con ello!", dijo Alba.

Dikra recogió rápidamente la comida que había dejado caer inmediatamente después de ver a Alba, y luego se dirigió al hormiguero. Esperaba desesperadamente poder volver a hablar con Alba, para poder contarle cómo era volar.

Mientras llevaba sus provisiones al hormiguero, se imaginó volando y mirando el hormiguero. Si puedes volar, puedes ir donde quieras y cuando quieras", pensó.

Esa noche *Dikra* soñó que tenía alas de mariposa y volaba por encima de un árbol que había florecido. Soñó que era una mariposa y que volaba con otras mariposas de todos los colores y formas. Era un sueño hermoso, uno de los más hermosos que había tenido.

Cuando se despertó al día siguiente, por supuesto, seguía siendo una hormiga que vivía y viajaba con su grupo. *Dikra* se apresuró a realizar sus tareas diarias de búsqueda de alimentos, recolección y presentación de informes en el hormiguero. Por mucho que trabajara, no podía dejar de pensar en su amiga mariposa y en su sueño. Finalmente, decidió volver al lugar donde se había encontrado con Alba, con la esperanza de que aún estuviera allí.

Mientras caminaba hacia el arbusto de flores donde había estado el capullo, *Dikra* buscó cuidadosamente a la mariposa. Por mucho que mirara, no podía ver a Alba. Tristemente, se dio la vuelta y emprendió el regreso al hormiguero, donde debería haber estado.

"¡Hola *Dikra*!" llamó una voz.

"¡Hola, Alba!" llamó *Dikra* con alegría. La mariposa se posó en la misma hoja en la que estaba *Dikra*. "¿Cómo estás hoy?"

"¡Maravilloso! Mis alas están secas y volar es mucho más fácil de lo que pensaba. ¿Cómo estás?", preguntó Alba.

"Más o menos lo mismo que ayer", dijo *Dikra*, feliz de ver a su amiga. "Todo es siempre igual en el hormiguero. Nada cambia nunca".

"No sé si sería feliz si todos los días fueran iguales para mí", dijo Alba. "Incluso antes de tener mis alas, cada día era diferente".

"Suena increíble", dijo *Dikra*. "Me gustaría ser una mariposa".

Alba miró a *Dikra* por un momento como si estuviera pensando. Entonces le dijo: "Sabes, soy mucho mayor que tú".

"Sí, mi especie no es grande, no como las hormigas bala", dijo *Dikra*.

"Bueno, apuesto a que si te subes a mi espalda, puedo llevarte conmigo", dijo Alba.

"¿De verdad?", preguntó *Dikra*.

"¡Claro, venga, vamos!", dijo Alba sonriendo.

Dikra se subió a la espalda de Alba y ambas salieron volando. Al principio *Dikra* estaba un poco asustada, nunca había estado tan alto. Pero entonces empezó a sentirse más segura y, al mirar hacia abajo, no podía creer lo que estaba viendo; podía ver el hormiguero extendiéndose por la colina.

Dikra pensó en lo que estaría haciendo ahora mismo si no estuviera volando. Sabía que haría exactamente lo mismo que las demás hormigas. Pero volar era diferente. Cuando Dikra voló, se sintió mucho mejor. Nunca se había sentido tan feliz en su vida.

Mientras Dikra y Alba volaban de flor en flor, la hormiguita no podía creer cómo cada flor era un poco diferente. Nunca había visto estas cosas cuando estaba en el suelo.

Cuando por fin aterrizaron, Alba le preguntó a Dikra: "¿Te ha gustado volar?".

"¡Me encantó!", dijo Dikra. "¡Nunca me he sentido tan bien! Es mágico".

"¿Qué vas a hacer ahora?", preguntó Alba.

"Supongo que tengo que recoger mi comida y ponerme al día con el resto del grupo", dijo Dikra, sintiéndose un poco triste. Hacer lo mismo día tras día parecía tan deprimente después de volar. Pero Dikra pensó que tenía que hacerlo. Después de todo, las hormigas eran su especie, no la mariposa. Su propósito era buscar el hormiguero.

"¿Y si no vuelvo?", preguntó Alba.

"Debo hacerlo, tengo un propósito", respondió Dikra. "Mi propósito es buscar comida para mi granja de hormigas. Así es como debo contribuir al bien mayor".

"Yo también tengo un propósito, ¿sabes?" Dijo Alba.

Dikra nunca había sabido que nada más que las hormigas tuvieran un propósito. Especialmente las mariposas. Esto la sorprendió.

"¿Cuál es tu propósito?", preguntó Dikra.

"Mi propósito es polinizar las flores", dijo Alba. "Si no polinizo las flores, ya no pueden hacer flores. Es un trabajo vital".

"No tenía ni idea", dijo Dikra asombrada.

"Todo tiene un propósito", dijo Alba, sonriendo. "¿Qué le pasaría al hormiguero si no volvieras?"

"Pues nada", dijo *Dikra*. "Somos miles en el hormiguero. Los lagartos y los pájaros siempre se comen algunas hormigas y eso no afecta al grupo. Siguen buscando y moviéndose".

"Bueno, verás, si quieres quedarte y volar conmigo, no habría problema", dijo Alba.

"No, supongo que no", dijo *Dikra* con alegría. "¿Pero te parece bien?"

"Claro", dijo Alba, "¡eres mi amiga y me gusta tener alguien con quien hablar!".

Y así, *Dikra* no volvió al hormiguero. Se pasaba los días volando con Alba. Cada día era diferente. *Dikra* y Alba volaban y polinizaban flores todos los días. Y cada noche, los dos amigos dormían sobre una hoja o acurrucados en una flor. *Dikra* no podía imaginar ser tan feliz, y sin embargo lo era. Todas las noches tenía sueños fantásticos en los que volaba con su amiga mariposa. Y cada mañana sus sueños se hacían realidad.

Dulces sueños, cariño.

ACOSO ESCOLAR

ndrés, Javier y Gabriel estaban sentados juntos bajo un árbol. "Por fin vamos a ir al instituto. Estoy deseando que llegue mañana", dijo Javier.

Andrés se rió y dijo: "El tiempo realmente vuela. He oído que la vida en el instituto es bastante interesante". Andrés le guiñó un ojo a Javier y ambos se echaron a reír. Gabriel parecía un poco tenso.

Andrés le preguntó: "¿Cuál es tu problema? ¿Por qué estás tan callado?"

Gabriel prefirió callar y no respondió a su pregunta. Javier sacudió a Gabriel y le preguntó: "¡Oye! Estamos hablando contigo. ¿Qué pasa?"

Gabriel miró a Javier y le dijo: "La verdad es que la vida en el instituto es interesante, pero me da miedo el acoso".

Javier y Andrés nunca habían oído esa palabra y dijeron: "¿Qué es el bullying? Nunca hemos Javier hablar de ello".

Javier podía sentir el miedo en los ojos de Gabriel. Andrés se echó a reír y dijo: "No hemos entendido nada de lo que has dicho". Javier se hizo una idea de lo que era el acoso escolar, pero aún no estaba seguro.

Javier dijo: "He oído que en el instituto los alumnos de último curso se burlan de ti o te pegan o te obligan a hacer tareas inadecuadas". Andrés dejó de reírse y se preocupó. Estaba tan asustado como Gabriel. Gabriel continuó: "Incluso he oído que se burlan de las discapacidades de otras personas".

Javier se levantó inmediatamente del suelo y dijo enfadado: "Esto está muy mal. Nunca dejaremos que esto nos ocurra. Si alguien intentara intimidarme, yo mismo le daría una lección". Andrés calmó a Javier y luego preguntó: "¿Y si fueran imparables?".

"He oído que son muy poderosos y que la administración los apoya", dijo Gabriel. En este punto,

Javier también se preocupó. Condenó el acto de acoso y dijo: "Nunca dejaré que esto le ocurra a nadie. Nunca apoyo el mal y nunca apoyaré el acoso. No importa lo que hagan". Gabriel también estaba preocupado, pero permanecía tranquilo y relajado.

De camino a casa, Javier pensó en todo este asunto del acoso. Nunca había experimentado algo así en toda su vida. Su cerebro no le dejaba descansar. Javier se sentó bajo un árbol para calmar su mente antes de llegar a casa. Mientras descansaba, un viejo león vio a Javier. Se acercó a él y le preguntó: "¿Qué te pasa, hijo? ¿Por qué estás sentado aquí solo? ¿Hay algún problema?"

Javier le dijo al viejo león que mañana sería su primer día de instituto y que tenía miedo de que le hicieran bullying. El viejo león se sintió avergonzado y se sentó junto a Javier.

"¿Por qué estás triste?", preguntó Javier.

El viejo león no tuvo suficiente valor para hablar con el pequeño Javier. "Compartir tus penas disminuye su carga", dijo Javier.

El viejo león dudó al principio, pero luego admitió: "Yo también solía intimidar a los otros animales.

Javier estaba lleno de rabia. Quiso arremeter contra él, pero mantuvo la calma debido a su edad.

"Lo sé, estás enfadado. Me arrepiento de cada acto. Y me arrepiento de mis acciones pasadas", dijo el viejo león.

Javier sonrió y dijo: "Te agradezco que admitas tu error. Pero tengo una pregunta. Tomó aire y preguntó: "¿Por qué intimidas a los demás? ¿Qué se consigue con ello? Sencillamente, no entiendo qué ganas con hacer daño a los demás".

El león suspiró y se sintió avergonzado.

Javier dijo: "Lo siento. No quería hacerte daño".

"Por lo que sé, el acoso es para engrandecerse. Para obtener el dominio sobre los demás. A los animales que intentaron defenderse, los intimidé más", dijo el viejo león.

Al escuchar sus palabras, Javier se asustó aún más. "¿Cómo voy a detenerlos?", dijo Javier.

El león dio un largo suspiro y dijo: "No se les puede detener. Está en su naturaleza. Es prudente evitarlos. Siempre es sabio mantenerse alejado de los problemas".

Javier asintió. El viejo león continuó: "Te daré algunos consejos para evitar que te intimiden. En primer lugar, cree en ti mismo. No dejes que el miedo se apodere de ti. Sé valiente, fuerte y confiado. En segundo lugar, nunca te acerques a un grupo de matones. En tercer lugar, no ocultes nada a tus padres o profesores. En cuarto lugar, si alguna vez te encuentras con un matón, sé más listo que él. Ríete de todo lo que diga, y cuanto peor sea el insulto, más fuerte debes reírte. Intenta pensar en ello como algo realmente divertido y ríete de verdad. Esto es innegablemente frustrante para los acosadores porque quieren que llores, no que te rías'.

Javier se sintió confiado ahora. Preguntó: "¿Tienes alguna otra sugerencia para mí?".

El viejo león asintió y dijo: "Sólo un último consejo. Si alguna vez te han acosado, no dejes que eso afecte a tu vida. Algunas palabras o acciones nunca podrán detenerte. Piensa en ellos como si fueran tontos y déjalos ir".

Javier estaba muy contento de hablar con el viejo león. "No creo que fueras un matón", dijo Javier.

El viejo león se rió y dijo: "¡Bien! Ya es suficiente. Vete a casa, que ya es muy tarde y mañana tienes que ir al colegio".

Javier miró su reloj de pulsera y dijo: "Muchas gracias por su orientación. Nunca olvidaré este consejo".

"Te deseo buena suerte en tu instituto. Que te mantengas a salvo de todo mal y que seas el más inteligente del lugar", dijo el viejo león.

Javier se rió y comenzó a caminar hacia su casa. Quería contar toda la discusión con el viejo león a Andrés y Gabriel. Quería que conocieran esas sugerencias para que pudieran superar el miedo a ser intimidados. Les contó a sus padres la discusión con el viejo león. El padre de Javier dijo: 'Hijo, ese viejo león tiene razón. Cada una de sus palabras es como el oro. Sobre todo, comparte siempre estas cosas con tus padres".

Javier sonrió. La madre de Javier dijo: "Hijo, el acoso escolar es un delito. No quiero verte nunca intimidar a nadie. Prométeme que nunca intimidarás a nadie". Javier asintió y prometió a su madre no volver a intimidar a nadie. Javier sintió sueño. "¿Has comido?", preguntó la madre de Javier. Javier sacudió la cabeza y dijo: "Cené en casa de Andrés. Había zanahorias hervidas con salchichas, pasta y arroz. De postre, tuvimos brownies y helado".

Su madre sonrió y le dijo: "Ahora, vete a tu habitación. Lávate los dientes y métete en la cama ahora".

Javier se compadece de su madre: "Mamá, por favor, despiértame mañana temprano. No quiero llegar tarde en mi primer día de instituto".

Su madre asintió y dijo: "Si te duermes temprano, te despertarás temprano. Pero si te quedas despierto hasta tarde, te despertarás tarde'. Así que Javier se fue inmediatamente a su habitación a dormir.

"¡Despierta, mi pequeño Javier!", dijo la madre de Javier. Abrió los ojos lentamente y con firmeza. Sacó su reloj de pulsera de debajo de la almohada. Eran las seis de la mañana y aún faltaban dos horas para que empezaran las clases. Se levantó lentamente de la cama. Estaba emocionado pero también cansado. Hizo la cama y cogió una toalla de la silla. Abrió la puerta del baño y entró a ducharse. Después de ducharse, se lavó los dientes y se secó el cuerpo. Luego salió del baño. Todavía había mucho tiempo antes de la escuela. Javier ya estaba preparado. Fue a la cocina a buscar algo para comer. Cuando entró en la cocina, vio a su madre preparando un pastel de carne. "Pastel de carne para desayunar", dijo Javier.

Su madre le explicó: "No, hijo. El pastel de carne es para el almuerzo y la cena".

Javier se sintió aliviado porque no le gustaba el pastel de carne. Entonces dijo: "Mamá, tengo mucha hambre. Dame algo para desayunar".

Su madre dijo: "El desayuno está casi listo. Siéntate tranquilamente en el salón, tu padre aún duerme".

Javier preguntó a su madre: "¿Por qué haces este pastel de carne? Sabes que no me gustan nada".

Su madre le contestó: "Tu padre lo quiere. Ve a preguntarle a él, no a mí".

Javier salió tranquilamente de la cocina y se sentó en la silla del salón. Tras unos minutos de espera, la madre de Javier trajo el desayuno. "¡Wow! Tortitas", dijo Javier, emocionado. Abrazó a su madre y le dio las gracias por haber preparado un gran desayuno. "Mi día empezó muy bien y me gustaría que fuera igual", dijo Javier.

"Lo hará. Sin duda", dijo el padr

"¡Papá!", dijo Javier.

"¿No estabas durmiendo?", preguntó la madre de Javier.

"Acabo de despertarme cuando le he oído celebrar su desayuno", dijo su padre.

"Lo siento. No pude contener mi emoción", dijo Javier. Así que todo el mundo empezó a reírse.

Era una hora antes de la escuela. Javier cogió su mochila y salió de la casa. El tiempo era agradable y el aire era semifresco. En el camino, Javier vio que Andrés y Gabriel iban juntos a la escuela. Javier corrió hacia ellos y les dijo que se sentaran porque tenía una información que compartir.

"Sólo faltan cincuenta minutos para que empiece la clase. ¿Cuál es el problema?", preguntaron Andrés y Gabriel.

Javier tomó aire y dijo: "La escuela está a sólo quince minutos, así que siéntate aquí y escúchame". Andrés y Gabriel se miraron y se sentaron. Javier continuó: "Tengo algunos consejos para no ser intimidado. Anoche conocí a un viejo león. Solía intimidar a otros animales, pero no parecía un matón. Me iluminó con sus sugerencias".

Gabriel dijo inmediatamente: "Comparte estas sugerencias conmigo también". Andrés preguntó: "¿Cómo podemos confiar en un matón? ¿Y cómo se puede confiar en un desconocido?"

Javier sonrió y dijo que ya había compartido esos consejos con sus padres y le habían dicho que cada palabra de ese león es oro. "Creo que mis padres son de confianza", dijo Javier. Gabriel y Javier comenzaron a reírse de Andrés.

"¿Cuáles son esas sugerencias?", preguntó Gabriel.

"En primer lugar, cree en ti mismo y confía en ti. En segundo lugar, no te relaciones con un matón. En tercer lugar, comparte tus preocupaciones con tus padres y profesores de confianza. Cuarto, ser más listo que el matón". Gabriel no entendió la última sugerencia mencionada por Javier. Javier explicó: "Ríete de todo lo que te digan, y cuanto peor sea el insulto, más fuerte tendrás que reírte. Intenta pensar en ello como algo realmente divertido y ríete de verdad. Esto es innegablemente frustrante para los acosadores porque quieren que llores, no que te rías". Gabriel preguntó: "¿Estás seguro?" Javier asintió.

Andrés dijo: "¿Tienes algún otro consejo? Llegamos tarde a la escuela".

Javier, Andrés y Gabriel recogieron sus mochilas y comenzaron a caminar. Mientras caminaba, Javier se dio cuenta de que había olvidado el consejo más importante. Así que paró a sus amigos y les dijo: "¡Se me olvidó decirles el consejo más importante! Nunca dejes que los matones influyan en tu vida. Algunas palabras y acciones no pueden arruinar nuestras vidas". Todos se miraron, sonrieron y siguieron caminando y finalmente llegaron a su instituto.

Javier, Andrés y Gabriel entraron en la escuela. La escuela estaba llena de gente. Mucha gente les miraba fijamente, lo que les hacía sentirse incómodos. Javier se dijo a sí mismo: "Tengan confianza. Camina con confianza".

Todos se dirigieron con seguridad a su clase y se sentaron. Javier vio a muchos otros estudiantes acosados, pero no pudo ayudarlos porque el viejo león le dijo que se alejara de los acosadores. El aula actuaba como un muro entre ellos y los acosadores. Los que se quedaban en el aula estaban a salvo del tormento y la tortura, mientras que los demás eran brutalmente atacados. Durante casi una semana, Javier y sus amigos prefirieron quedarse en el aula durante el recreo. Afortunadamente, habían permanecido a salvo del acoso. Ahora recorren el instituto libre y abiertamente. Javier hizo muchos amigos nuevos y ayudó a estudiantes gravemente afectados por el acoso escolar, convirtiéndose así en el favorito de todos en su instituto.

LOS DINOSAURIOS EN LA CAMA

esta es la historia de un niño llamado Diego que logra escapar de una aterradora tormenta con la ayuda de un grupo de dinosaurios juguetones y una mochila llena de provisiones. Este es un gran cuento para leerle a tu hijo cuando tenga miedo de la tormenta. Le ayudará a procesar sus sentimientos sobre el tiempo y a ser más valiente. La historia es imaginativa y sitúa a la imaginación como una de las herramientas clave para usar el miedo.

***

Había una vez un niño llamado Diego. Diego estaba en su cama y tenía miedo porque afuera había una tormenta. Se preguntó cuándo terminaría la tormenta. Su madre le dijo que la tormenta pasaría rápidamente por encima de su ciudad y que debería dormir un poco. Desgraciadamente, no pudo dormir a causa de la tormenta. Diego siguió escuchando el tic-tac del reloj. La noche parecía no terminar nunca. Cada minuto que duraba la tormenta le parecían horas. Oyó el sonido de los truenos en el exterior y los relámpagos le hicieron esconderse bajo las sábanas con miedo. A veces los truenos eran tan fuertes que hacían sonar las ventanas.

Se preguntó si debía ir a la habitación de sus padres, pero intentaba ser un chico valiente. Sabía que los niños valientes no se metían en la cama de sus padres porque tenían miedo del tiempo tormentoso de fuera. Su padre incluso le había ayudado a prepararse para el tiempo, por si la tormenta duraba toda la noche. Habían llenado una mochila con suministros, juegos y juguetes. Incluso había metido algunos cómics en la bolsa cuando su padre no miraba. La mochila estaba ahora metida bajo las sábanas con él. Diego se aferró con fuerza al oso panda que tenía desde muy pequeño.

Su madre se aseguró de que Diego tuviera algunas golosinas junto a su cama. Tenía una bolsa de palomitas y algunas patatas fritas para comer en caso de que tuviera hambre y no quisiera esperar hasta la mañana. Su madre le había dicho que, a veces, un bocadillo hace que tenga menos miedo. Recordó cuando su familia había ido de camping. Aunque sólo había sido el fin de semana pasado, parecía tan lejano. Debió ser un chico valiente que tenía experiencia en acampadas. Pensó que los campistas no debían asustarse por una pequeña tormenta. Pero la tormenta arreciaba fuera.

En su cama, sintió que algo le tocaba los dedos de los pies. Entonces escuchó una voz. Susurró bajo las sábanas: "Oh, eso duele". Pero el susurro fue ahogado por los ruidos del exterior. Diego miró por la ventana, pero estaba oscuro y las nubes de tormenta en el cielo ocultaban las estrellas.

El sonido de los truenos y los relámpagos cesaron el tiempo suficiente para que Diego pensara: "¿Qué fue ese ruido de debajo de las sábanas?".

Rebuscó en su mochila la linterna. No pudo encontrarlo. Debió de olvidarse de meterlo en la maleta cuando intentaba desesperadamente esconder los cómics en su mochila. Se asustó por un segundo y luego recordó que lo había dejado en la cómoda de su habitación. Habría tenido miedo de salir de la cama durante la tormenta, pero sabía que la linterna le ayudaría a ver las cosas de una manera menos aterradora.

Corrió hacia la cómoda y cogió la linterna. En ese momento se oyó un trueno en el exterior y un relámpago, así que Diego corrió y se metió de nuevo en su cama. Metió los pies en la cama hasta el fondo de las sábanas y allí sintió algo áspero y afilado a sus pies. Parecía arrastrarse por los tobillos.

"¿Qué hay en mi cama?", se preguntó en voz alta.

Sabía que había algo en su cama, así que se asomó al interior. Sin su linterna apenas podía distinguir nada, estaba tan negro bajo las sábanas, casi tan negro como el cielo de fuera. Sin embargo, vio unas pequeñas manchas que parecían ojos.

Oyó un rugido que venía de detrás de una de sus piernas. Diego tuvo miedo y se mordió la uña del pulgar, pero entonces tuvo una idea y recordó que tenía la linterna. Buscó el sonido bajo las sábanas. En su cama había un montón de pequeños dinosaurios. Pero los dinosaurios eran grandes y estaban extinguidos, pensó para sí mismo. Pero, por supuesto, se equivocó porque allí había un pequeño estegosaurio. Estaba comiendo una de sus patatas fritas de una de las bolsas que había abierto con la esperanza de que el bocadillo le ayudara a sentirse menos asustado, como le había sugerido su madre. Diego estaba confundido, pero luego dijo: "Sal de aquí".

El animal empezó a decir algo y luego escuchó más ruidos. Utilizó la antorcha para mirar debajo de las mantas. Vio más sombras y las buscó. Primero vio un triceratops, luego un pterodáctilo y finalmente un tiranosaurio rex. Diego se preguntaba cuántos pequeños dinosaurios había en esta cama con él. Quería salir corriendo; estaba asustado pero también un poco curioso. Se preguntó cómo era posible que hubiera tantos dinosaurios en su cama y de dónde habían salido. Miró bajo la cama con su linterna y se dio cuenta de que podía ver a kilómetros de distancia. Pensó en esconderse, pero luego pensó que tal vez debería explorar esta gran tierra bajo sus mantas.

Se sentía como un mundo diferente bajo sus mantas y se quedó congelado en el lugar por el asombro. Sintió que su corazón latía una y otra vez. Entonces sintió un cosquilleo como si un rayo hubiera golpeado su manta. Pudo ver los relámpagos en el cielo cubierto. Vio a los animales persiguiéndose unos a otros. Vio a un apatosaurio persiguiendo a un estegosaurio. Se preguntó qué demonios estaba pasando. Los animales parecían estar jugando entre ellos. Al menos eso pensaba Diego, porque los comedores de plantas perseguían a los de carne. De repente, un gran braquiosaurio empezó a correr hacia Diego. Por un momento se asustó, pero luego recordó que los dinosaurios de cuello largo, como el braquiosaurio, se alimentaban de plantas y no podían hacerle daño. Pero Diego no quería arriesgarse. Sacó un camión de bomberos de su mochila y creció hasta alcanzar un tamaño

enorme. Diego consiguió saltar al asiento delantero y encender la sirena. Pero el sonido le dolía en los oídos. Los dinosaurios empezaron a seguirle al camión, primero un Brontosaurio y también un Diplodocus además del braquiosaurio que le seguía. Pero no querían hacerle daño. Se comportaron como grandes perros amistosos que sólo querían jugar.

Diego tenía miedo de ser aplastado por sus grandes patas de dinosaurio, así que dio un poco de gas al camión y éste avanzó a toda velocidad. Siguió un camino bajo la cama que pronto condujo a un bosque. Antes de llegar al bosque, pisó el freno y aparcó. Se puso las zapatillas nuevas de su mochila y salió del camión. Empezó a correr haciendo sonar un silbato que también estaba en su mochila. Podía oír el pisotón de los pies de los dinosaurios detrás de él.

Se agarró a su panda y empezó a correr. Mientras corría, el viento le arrancó el sombrero de la cabeza. Corrió por el bosque y trató de escapar de los animales que lo perseguían, pero no pudo alejarse demasiado de ellos. Con todo lo que ocurría en el interior de su cama, ya no le preocupaba la tormenta que se desataba fuera de su dormitorio. Se preguntaba cómo podía haber ocurrido esto. Podía oír los gruñidos de los dinosaurios y sentir sus rápidos pies detrás de él.

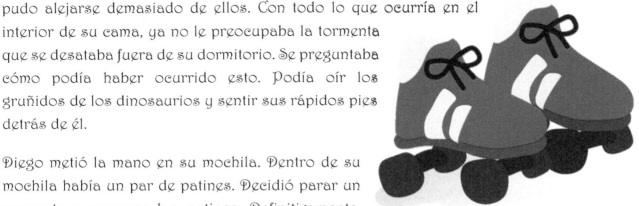

Diego metió la mano en su mochila. Dentro de su mochila había un par de patines. Decidió parar un momento y ponerse los patines. Definitivamente, sería capaz de alejarse de esos dinosaurios si patinara. Era un patinador rápido. Pero no llegó demasiado lejos antes de chocar con la raíz de un árbol y caer de cabeza en el barro. Se quitó rápidamente los patines y empezó a subir al árbol. Se preguntó dónde estarían su madre y su padre. Se subió al tronco del árbol y comenzó a saltar de rama en rama. Estaba a punto de alcanzar otra rama cuando un brontosaurio salió de la nada comiendo un bocado de hojas. El brontosaurio le miró.

De repente, de la nada, oyó que alguien le llamaba por su nombre. No podía entender de dónde

venía el sonido. Volvió corriendo a la apertura de la cama y tiró las mantas. Fueron su madre y su padre. Era de día y el sol entraba por la ventana. Su panda seguía bien metido bajo el brazo.

"Veo que has encontrado las sorpresas que dejamos en tu cama; dejamos esos dinosaurios de juguete para que los encontraras en la oscuridad. Pensamos que te distraerían de la tormenta", dijo su padre.

"¿Juguetes?", dijo Diego confundido. Parecían tan reales en la oscuridad.

Y estoy muy orgullosa de que los apiles ordenadamente en tu cómoda", dijo su madre.

Diego no recordaba haber puesto ningún dinosaurio en la cómoda. Allí estaban todos los dinosaurios que había visto en la tierra bajo sus mantas.

Dulces sueños, cariño.

CAPÍTULO 2: FÁBULAS CON UNA ENSEÑANZA
EL BÙHO SABIO

Esta historia les dice a los niños que el conocimiento es algo que hay que valorar. Les permite conocer una historia sobre cómo el mundo se abrió para un búho que decidió salir de sus fronteras para conocer nuevas historias sobre diferentes animales y personas. Habla de que el conocimiento es poder. Muestra cómo el conocimiento nos permite tener alas y ver el mundo. Esta es una gran historia para el niño que tiene dificultades para entender la importancia de la escuela y la educación.

Hace mucho tiempo, cuando los animales aún hablaban, un búho vivía en lo profundo del bosque. Vivía en lo alto de un viejo roble. Le gustaba su pequeño pero cómodo hogar en la copa del árbol y pasaba los días escuchando el parloteo del bosque. Escuchó a los animales del viejo bosque contar sus alegrías y penas. A veces escuchaba historias contadas por el viento y la lluvia. La lluvia traía consigo historias de otras tierras y el viento contaba sus historias lejanas. *Aunque el búho tenía todas estas cosas en su casa, anhelaba algo diferente y un día decidió volar lejos y ver el mundo para escuchar nuevas historias..*

Una mañana, el búho decidió desplegar sus alas y volar hacia el ancho mundo. No tenía miedo porque con sus grandes ojos podía ver todo. También tenía muy buen oído y era capaz de escuchar muchos sonidos e historias mientras volaba por el aire. Cada vez que oía algo interesante, lo grababa en su gran memoria. El búho viajó por el mundo durante muchos años. Visitó todos los países del viejo mundo, donde los animales aún hablaban, y vio muchas cosas diferentes y nuevas; muchas cosas que no pudo ver en su parte del bosque, o incluso en su parte del mundo. Vio un gran edificio construido por personas y muchas plantas y animales diferentes a los de su país.

Un día se dio cuenta de que echaba de menos la comodidad de su viejo árbol. Echaba de menos a sus vecinos y los cantos de los pájaros y animales que vivían cerca de su antigua casa. Tenía nostalgia. Así que decidió volver a su casa en la cima del viejo roble. Emprendió la huida y, al estar tan lejos de casa, tardó muchos días y noches en llegar a su destino. Finalmente, consiguió volver al viejo roble donde había crecido y vivido. Cuando finalmente llegó allí, se alegró de estar en casa. Cuando los animales del bosque se enteraron de que el búho había vuelto, se alegraron. Rápidamente se reunieron para saludarla y preguntarle cómo había ido su viaje. Pero, sobre todo, querían escuchar sus historias de todos sus viajes: querían saber lo que había aprendido.

El búho comenzó a contarles muchas historias sobre sus viajes. Todo el mundo escuchó su charla y se asombró de todo lo que había visto. Les contaba historias hasta altas horas de la noche y les daba muchas cosas interesantes con las que soñar cuando por fin se iban a dormir.

A los animales les encantaron las historias que les contó e inmediatamente le rogaron que se asegurara de que todos conocieran las historias antes de que se fuera. La lechuza no tenía intención de volver a marcharse, pero estaba segura de que contaría las historias a todos los animales del bosque. Comenzó a escribir sus historias para que todos las conocieran. Le llevó muchos días y noches escribir todo lo que había aprendido en sus viajes. Cada cosa que aprendía tenía una historia asociada. Cuando terminó el libro, empezó a hacer copias para otros animales, pero el primero que hizo lo guardó para ella para recordar todos sus viajes. Cuando hubo hecho muchas copias, se las dio a los distintos animales del bosque para que hicieran copias para sus amigos y familiares. Con el tiempo, estas historias se convirtieron en cuentos para los pequeños animales del bosque.

Un día, cuando la lechuza era vieja, la gente empezó a llamarla la lechuza vieja y sabia. La llamaban así porque había aprendido muchas cosas de todo el mundo y siempre tenía buenos consejos que dar. Los animales le pedían ayuda cada vez que tenían un problema que no sabían cómo resolver; aunque muchos de ellos simplemente leían su libro y encontraban las respuestas a sus problemas en las historias que ella contaba.

Por mucho que lo intentara, la lechuza nunca se sintió como antes de abandonar su pequeño hogar en lo alto del poderoso roble. Echaba de menos el mundo en el que había viajado. Quería salir y encontrar nuevas historias que contar a sus amigos. Así que un día, cuando nadie miraba, volvió a volar para regresar al mundo y aprender más cosas.

Cuando el búho volvió a casa la segunda vez, tenía muchas historias nuevas y muchas más lecciones que enseñar a los animales de su bosque. Una de las lecciones que les enseñó fue que una vez que empiezas a aprender, nunca quieres parar. Esto era cierto porque muchos de los animales querían aprender más del búho.

Así que esta vez se quedó en el bosque para siempre y enseñó a todos los animales del bosque las muchas cosas que había aprendido. Así, muchos de los animales que habían aprendido de memoria las historias del viejo búho, salieron del bosque para viajar, aprendiendo cosas nuevas del mundo. De vez en cuando volvían para enseñar a todos lo que habían aprendido y para escuchar las historias de otros viajeros como ellos.

El Hada Felicity Encuentra Amigos

Durante las primeras horas del día, en el místico bosque se pueden ver pequeños destellos de luz que pasan de rama en rama y de flor en flor. Una vez que aterricen, verás una pequeña criatura alada, un hada. A las hadas les gusta estar juntas y es raro ver a un hada sola, excepto hoy. Felicity estaba sola en el parche de flores al final del bosque.

Felicity era nueva en este bosque porque acababa de trasladarse al otro lado del pantano nebuloso desde otro bosque. Todavía no había conocido a ninguna hada nueva porque sus alas eran más pequeñas que las de las otras hadas y no podía volar tan rápido como ellas, así que no se había aventurado hasta el campo de flores donde volaban las otras hadas..

Felicity se sentó en una flor roja y miró a través del bosque a las otras hadas que volaban alrededor, jugando y riendo. Quería ir a saludarlos, pero temía no poder seguirles el ritmo, así que saltó de flor en flor en su lado del bosque. Se detuvo al ver que algunas de las otras hadas la miraban, pero no se acercaron a saludarla.

"¡Hola!" dijo Felicity saludando tímidamente. "Me llamo Felicity, soy nueva aquí".

Las otras hadas se fueron volando y siguieron jugando entre ellas. Felicity se sentó y apoyó la cabeza en las manos. "Sólo quiero conocer a algunos nuevos amigos, tal vez mañana". Así que se dirigió a su casa para pasar el día, con la esperanza de tener un nuevo día de amigos al día siguiente.

"Es un nuevo día y voy a intentar hacer nuevos amigos", dijo Felicity mientras se despertaba con el sol de la mañana. Saltó sobre una cabeza de hongo y comenzó a dirigirse hacia el campo de flores. Todavía no vio ninguna otra hada, pero estaba decidida a esperar y verlas salir a jugar.

"¡Holaaa! Buenos días", gritó Felicity, saludando a través del bosque a otra hada que se había levantado temprano. Empezó a saltar hacia la otra hada y se presentó. "Me llamo Felicity y soy nueva en este bosque. ¿Cómo estás?"

La otra hada miró a Felicity y sonrió. "Hola, me llamo Myra. Vivo allí, junto a los girasoles. ¿Cuánto tiempo has vivido aquí?"

"Vivo en la zona de las flores rojas y he estado allí durante unas semanas. No puedo volar muy bien". Felicity se giró para mostrar sus alas y luego añadió: "así que no he podido llegar a todas las demás hadas".

"¡Bueno, eso lo podemos arreglar!", exclamó Myra. Entonces Myra silbó muy fuerte y miró a través del bosque hacia los espesos arbustos. Los arbustos comenzaron a agitarse y un pequeño colibrí salió volando. Comenzó a revolotear y finalmente se posó en una flor cerca de Myra y Felicity.

Myra puso las manos en las caderas y sonrió: "Felicity, este es Hamilton el Colibrí. Él será tus alas hasta que te crezcan las tuyas".

" ¿Cómo lo hará?", preguntó Felicity.

Salta sobre su espalda y agárrate fuerte", dijo Myra, guiñándole un ojo a Hamilton.

Felicity se subió a la espalda de Hamilton y agarró un puñado de plumas.

"De acuerdo, estoy lista para ir", dijo Felicity con dudas.

Las alas de Hamilton empezaron a batirse más rápido de lo que Felicity había visto jamás. Su cabello comenzó a volar y Hamilton comenzó a despegar. Se hizo cada vez más alto y se lanzó a través del bosque. Por encima de las flores, a través de las ramas y hasta la cima del arroyo que fluía entre los lechos del bosque.

"Whoohoo esto es increíble. Nunca he sido capaz de volar así..." dijo Felicity mientras Hamilton daba un giro hacia las otras Hadas que estaban viendo la carrera de Felicity.

Hamilton se posó en un lirio para descansar y beber un poco de néctar. Felicity se deslizó de su espalda y saltó hacia el grupo de hadas que estaban cerca.

"Hola, me llamo Felicity, soy nueva aquí. ¿Cómo estás?", dijo Felicity a modo de saludo.

Las demás hadas empezaron a hablar a la vez. Estaban emocionados por conocer a Felicity y se presentaron todos juntos. Los ojos de Felicity se hicieron muy grandes al verse abrumada por toda la charla. Empezó a reírse y le preguntó a Myra si podía ayudarla a averiguar quiénes eran todos. Myra voló justo por encima de todas las demás hadas y levantó la mano para que dejaran de hablar todas a la vez. Una vez que dejaron de hablar, Myra les presentó uno por uno a Felicity. Felicity se acercó a cada uno de ellos, les estrechó la mano y dijo que era un placer conocerlos a todos. Un hada preguntó por qué Felicity montaba a Hamilton.

"Bueno, mis alas son demasiado pequeñas para ayudarme a volar, así que he estado observándolos a todos durante un par de semanas desde la zona de las flores rojas. Hoy Myra ha venido a echarme una mano y me ha presentado a Hamilton. Dijo que él sería mis alas hasta que las mías crecieran del todo", explicó Felicity. Todas las demás hadas aplaudieron a Hamilton por ayudar.

Hamilton venía todas las mañanas a recoger a Felicity, la llevaba por el bosque y a volar con las demás hadas. Se hicieron buenos amigos y Felicity estaba muy agradecida de que Hamilton la ayudara. Al cabo de unas semanas, a Felicity le crecieron por fin las alas y se dio cuenta de que podía volar sola. Pero no quería decírselo a Hamilton porque le encantaba el tiempo que pasaban volando por el bosque y visitando a las demás hadas.

Una mañana llegó Hamilton y Felicity saltó y dijo: "¿Adivina qué Hamilton? Mis alas han crecido". Felicity se dio la vuelta para mostrarle sus alas.

"¡Son unas alas preciosas, Felicity!", dijo Hamilton. "Supongo que ya no necesitarás que te recoja, entonces".

"Ya no necesito que me lleves, pero me gustaría que volvieras para que podamos volar juntos. Eso es, si lo deseas", dijo Felicity encogiéndose de hombros.

Los ojos de Hamilton se abrieron de par en par por la emoción. "Me encantaría, Felicity".

Los dos estiraron las alas y despegaron. Comenzaron a lanzarse por todo el bosque; por encima de las flores, a través de las ramas y hasta la cima del arroyo que fluía entre los lechos del bosque. También visitaron a las otras hadas. Al final del día, se posaron en una cabeza de seta para hablar de las cosas divertidas que habían hecho ese día.

"Me alegro mucho de haberte conocido, Hamilton", dijo Felicity mientras rodeaba a su amiga con el brazo.

"Yo también, Felicity, es bueno tener un buen amigo", dijo Hamilton. Y se sentaron a contemplar la puesta de sol entre los árboles.

"Amigos para siempre", dijeron juntos.

Enseñanza: Además de desarrollar la imaginación, este cuento tiene una buena enseñanza. El hada estaba sola y aislada de todos; a pesar de ello, tomó la iniciativa de hacer nuevos amigos. Ayudar a alguien con dificultades o con discapacidades nos permite, en primer lugar, hacer el bien y también hacer nuevos amigos. Gracias a la "discapacidad" del hada, Hamilton y Felicity tuvieron la oportunidad de conocerse y pasar tiempo juntos, haciéndose buenos amigos.

¿Conoces también a personas necesitadas o con discapacidades a las que podrías ayudar? Piénsalo. Podrías hacerte amigo de ellos y podrían convertirse en tus mejores amigos.

Galletas de Dragón

Hace mucho tiempo había un pastor que caminaba por el bosque cerca de su casa. En el bosque vio algo que le asustó tanto que corrió a casa llorando. El hombre corrió por todo el bosque hasta llegar a su casa para contarle a su mujer y a su hija lo que había visto y que le había asustado tanto.

"¡He visto algo en el bosque!", gritó con todas sus fuerzas. Cuando se calmó, comenzó a describir la terrible bestia que había visto. "Era tan grande como cuatro caballos, con largas garras afiladas y una larga cola puntiaguda. Tenía escamas azules brillantes por todo el cuerpo".

Su hija, que era muy inteligente y había leído muchos libros sobre todo tipo de cosas, sabía exactamente lo que su padre había visto.

"Papá, tenía que ser un dragón. Pero no pensé que todavía hubiera dragones por aquí".

Al oír esto, tanto el hombre como su mujer se asustaron, pero la hija no se asustó en absoluto. Pensó que su padre debía de estar equivocado porque hacía mucho tiempo que no se veía un dragón.

"Además", pensó para sí misma, "si mi padre consiguió escapar del dragón, puede que no sea un dragón malo y feroz y que sólo sea un buen dragón que necesita un amigo".

Así que, al día siguiente, cuando terminó sus tareas, la niña salió a buscar al dragón en el bosque. Le llevó toda la mañana, pero se llevó algunos libros sobre dragones y se fue a buscar cuevas y montañas en el bosque. Encontró una cueva en la ladera de una gran colina en medio del bosque y sospechó que un dragón amistoso probablemente viviría en una cueva de la colina en lugar de en la cueva de una gran montaña.

Cuando llegó a la cueva, llamó a la puerta y dijo: "Hola, ¿hay un dragón aquí? Me llamo Sara y he venido en busca de un amigo".

En esa cueva había realmente un dragón y era amistoso. El dragón era muy grande, tan alto como una casa y muy ancho. Tenía las más hermosas escamas azules brillantes por todo el cuerpo, grandes ojos púrpura y pequeñas alas que eran más bien un adorno, porque no le ayudarían a volar a ningún sitio.

"Hola, Sara", dijo el dragón con una vocecita mansa. "Hace tanto tiempo que no tengo un amigo... Por favor, entra para que pueda prepararte un té de dragón. Ayer hice galletas. ¿Te gustaría tomar un té de galletas conmigo?"

"¡Por qué no! Por supuesto, señor Dragón, con mucho gusto", dijo.

"Puedes llamarme Brett", dijo el dragón, "es la abreviatura de Brettadonizard".

Brett el dragón y Sara se sentaron, comieron galletas y bebieron té juntos toda la tarde. El dragón le contó a la niña todo sobre los días en que él era un joven dragón, cuando había caballeros y princesas y muchos dragones malvados y perversos que habían capturado princesas y luchado contra los caballeros por su oro. Brett le dijo a Sara que nunca había querido ser un dragón malo y que le gustaba vivir en el bosque y hablar con los animales porque había vivido lo suficiente como para aprender todos los idiomas de los animales del bosque, aunque dijo que le costaba entender a las ardillas porque hablaban muy rápido.

Sara venía a visitar al dragón todos los días cuando no estaba demasiado ocupada. Pero finalmente sus padres comenzaron a preocuparse por las cosas que habían leído sobre los dragones en los libros. Sara explicó a sus padres que este dragón era diferente a los demás, pero sus padres, al ser adultos, estaban demasiado apegados a sus costumbres y no querían intentar ver lo bueno en otro ser. Finalmente, su padre habló a todos los hombres y mujeres del pueblo sobre el dragón y les dijo que tenían que ir a matarlo antes de que volara y arrasara el pueblo.

Sara se esforzó por hacerles cambiar de opinión porque el dragón no era en absoluto feroz y malvado como los de los cuentos. Intentó explicar lo del té del dragón y las galletas más deliciosas que había comido nunca, pero nadie la escuchó. No querían cambiar de opinión ni de hábitos, así que ahora estaban decididos a matar al dragón.

Como último intento, Sara les dijo a sus padres que fueran a la cueva del dragón a conocerlo, para que vieran con sus propios ojos que era un dragón amable y que nunca haría daño a nadie en el pueblo. Sus padres no querían escucharla, así que Sara les recordó que, cuando era pequeña, siempre le decían que intentara comprender a la gente aunque fuera diferente a ella.

Al principio, dijeron que esto era diferente, ya que se trataba de un dragón y no de una persona, pero luego se dieron cuenta de que debían dar a todos, incluidos los dragones, una oportunidad justa de ser amigos; y que el hecho de que fuera diferente a ellos no significaba que no fuera un ser bueno y honesto.

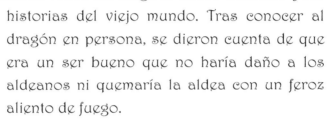

Cuando sus padres llegaron a la cueva, se asustaron, pero entonces el dragón salió con galletas de pan de dragón recién horneadas. Las galletas de pan de dragón son casi exactamente como las galletas de jengibre, salvo que tienen una especia especial de dragón que las hace un millón de veces mejores que una galleta normal. Los padres de Sara probaron las galletas y les encantaron y luego hablaron con el dragón, que les contó que podía hablar todas las lenguas de los animales y las historias del viejo mundo. Tras conocer al dragón en persona, se dieron cuenta de que era un ser bueno que no haría daño a los aldeanos ni quemaría la aldea con un feroz aliento de fuego.

Por desgracia, los aldeanos seguían planeando luchar contra el dragón porque el padre de Sara les había contado lo feroz que era en la oscuridad de la noche. Así que crearon un plan para enfrentarse a los aldeanos sin tener que luchar ni causar daño a nadie. A Sara y a sus padres se les ocurrió entonces hacer una fiesta y le pidieron al dragón que preparara todos los dulces más deliciosos que supiera hacer. Decoraron la cueva con muchos adornos y se aseguraron de que hubiera instrumentos musicales para tocar, de modo que todos pudieran celebrar una gran fiesta cuando los aldeanos se presentaran a la tarde siguiente.

Al día siguiente, con todos los preparativos para la fiesta, Brett el dragón, Sara y sus padres esperaron a que aparecieran los aldeanos. Era tarde cuando los aldeanos aparecieron, trayendo consigo todo tipo de armas para luchar contra el dragón. Sin embargo, cuando

llegaron a la cueva, se quedaron sorprendidos. Parecía que iba a comenzar una gran fiesta. En ese momento, Brett y Sara salieron de la cueva con un gran cuenco lleno de patatas fritas y galletas de dragón. Antes de que los aldeanos pudieran empezar a luchar contra el dragón, Brett decidió saludarles amistosamente.

"Estábamos esperando a que empezaras la fiesta", dijo Brett.

"Os dije que el dragón era bueno y bondadoso", dijo Sara, riéndose de las caras de confusión de todos los aldeanos.

Entonces los padres de Sara salieron de la cueva sosteniendo algunos de los diferentes platos de comida que el dragón había preparado para el festín. El padre de Sara sabía tocar la guitarra y se puso a tocar una canción, y algunos músicos del pueblo se unieron a él para tocar. Finalmente, todos los aldeanos disfrutaron del festín y conocieron al dragón. Muchos de ellos se disculparon por haber asumido que el dragón era cruel y malvado sin haberlo conocido antes. El dragón, al ser muy sabio y viejo, era muy comprensivo. Sabía que a veces es muy difícil entender a la gente nueva y que a menudo puede ser difícil dar a la gente el beneficio de la duda.

Los habitantes del pueblo estaban muy contentos de haber conocido a Brett porque conocía todos los idiomas de los animales y podía ayudarles con muchos problemas que tenían. Dijo que haría lo posible por ayudarles a explicar a las ardillas que las casas son para los humanos, aunque su ardilla no era muy buena y siempre le costaba entenderlas. Los humanos se rieron porque se dieron cuenta de que era igual que ellos y tenía dificultades con algunas cosas igual que ellos.

Todos se alegraron mucho de haber conocido al dragón y, en los días siguientes, el dragón recibió muchas visitas en la cueva. Tiempo después, Brett abrió su propia panadería en la ciudad, llena de todas las delicias especiales del dragón que nadie más podía hacer.

Enseñanza: A pesar de nuestras diferencias, se puede encontrar la bondad en cualquier persona, siempre que se intente tener algo de comprensión. La gente sólo tenía miedo del dragón porque era diferente a ellos. Antes de juzgar a alguien deberíamos conocerlo. Y tal vez podamos descubrir que precisamente de las diferencias puede nacer una hermosa amistad.

Capítulo 3: Fantasía
El dragón gentil

Hace cientos de años, un joven dragón llamado Rómulo vagaba por Whimsy. Su familia y amigos le llamaban Rom. Sus escamas eran del color de la pizarra y tenía unos dientes blancos y afilados que podían asustar incluso al guerrero más experimentado. Sus ojos brillaban, como la esencia de la lava. Rom tenía una enorme envergadura con afiladas protuberancias óseas en la punta de cada una. Su cola era excepcionalmente larga, de cuatro metros, y podía enrollarla alrededor de su cuerpo. Las escamas horizontales de su pecho brillaban en oro a la luz del día. Rom era un dragón de aspecto bastante regio, lo suficientemente preparado como para parecer elegante y aterrador al mismo tiempo. Los extraños siempre se fijaban en su inquietante belleza cuando su esternón se hinchaba delante de él, como la melena de un león.

Si alguna vez conociste a Rom, puede que te asustaras al principio. Conocer al joven dragón era algo totalmente distinto. No era la criatura más agraciada para surcar los cielos de Whimsy, a menudo se distraía y chocaba contra los árboles. Tuvo suerte de que los dragones tuvieran la cabeza tan dura. Rom ni siquiera poseía la misma ferocidad que era común entre los de su especie. Le encantaba conocer a las demás criaturas y se pasaba el día observando a los distintos seres de Whimsy desde arriba. Era un dragón cariñoso y curioso con ganas de aventura. A todos los demás dragones que había conocido sólo les gustaba luchar. Eran una especie despiadada que a menudo encontraba su utilidad al ser contratados por los pueblos para protegerse de los enemigos a los que los mortales no podrían enfrentarse. Los dragones no eran crueles ni indiferentes, simplemente estaba en su naturaleza luchar. Nunca aterrorizarían a otros sólo por deporte, pero si se les encargara la protección de una ciudad, todos disfrutarían de la batalla. Todos menos Rom. Casi nunca estaba involucrado en estas grandes guerras. Se le podía encontrar en el bosque, haciéndose amigo de cualquier criatura que no se aterrorizara inmediatamente con su aparición.

Al joven dragón le gustaban especialmente los elfos. Los encontró adorables y misteriosos. La raza de los elfos de Whimsy era alta y pálida, con una piel que reflejaba un azul pálido. Los cabellos como el cielo nocturno descendían a su alrededor, generalmente hasta la cintura. Eran una especie sabia que valoraba el conocimiento por encima de todo, no como el propio Rom. El elfo favorito de Rom era también su mejor amigo. Lo llamó Azul. Las palabras de los elfos son de las más difíciles de pronunciar, por lo que a menudo los que se encontraban con él le ponían apodos. La raza tiene una disposición de las cuerdas vocales claramente diferente, lo que hace que su lengua materna sea muy difícil para los forasteros. Afortunadamente, todos han sido educados y dominan las otras lenguas del reino.

Azul era una de las primeras criaturas que Rom había encontrado y que no huyó inmediatamente al ver al imponente dragón. Los dos compartían muchos de los mismos intereses y les encantaba ir de aventuras juntos. Habían construido una silla de montar muy especial que permitía al joven elfo cabalgar con seguridad encima de Rom mientras volaban hacia su próximo destino.

Un día frío y lúgubre, la pareja decidió aventurarse en busca de un ambiente tropical. Ambos habían oído hablar de una playa de arena blanca e inmaculada que contrastaba con el azul intenso de las mareas del océano. Era una tierra muy al sur, donde se decía que hacía calor todo el año. Las especies exóticas poblarían la tierra, lo que hizo que tanto Rom como Azul estuvieran muy ansiosos por emprender el vuelo. Los dos atesoraban las relaciones que establecían con los nuevos seres. No tenían ni idea de la importancia de sus aventuras para conectar a las distintas criaturas de Whimsy. Rom, en particular, había destrozado muchos estereotipos perjudiciales que los demás tenían sobre los dragones, hasta que lo conocieron. Azul actuó como diplomático en su operación y fue el responsable de establecer el primer contacto. Los elfos eran mucho más accesibles, lo que le dio la oportunidad de explicar la naturaleza amable de su temible mejor amigo.

Rom decidió cubrir al joven elfo porque el aire helado habría sido casi insoportable para Azul mientras atravesaban la fría lluvia a la velocidad del rayo. Creaba una especie de capullo que estabilizaban alrededor de la silla de montar con cuerdas. Utilizaban piezas finas de madera para estructurar la masa. Las hojas grandes envolverían la masa de tela para repeler cualquier precipitación que encontraran. Un tubo de acero iría desde el interior de esta cueva de tela hasta el aire exterior, para que Azul no se sintiera asfixiado bajo el peso de su protección. Los dos eran bastante ingeniosos a la hora de preparar sus viajes y hacían todo lo posible por anticiparse a los obstáculos con antelación, sobre todo con la intención de mantener a Azul a salvo. Los dragones eran bastante resistentes en comparación con los elfos.

Rom levantó el vuelo con su pasajero acurrucado y calentito en su espalda. El viaje se hizo un poco más difícil por el peso añadido, pero el joven dragón era lo suficientemente fuerte como para seguir volando. Las horas pasaron y a la pareja le pareció que la costa podía ser un mito. Nunca habían estado tan lejos de su territorio. Cuando Rom pasó por un gran cañón excavado en el campo, un hombre sentado en lo alto de un acantilado le saludó. Saludó con la mano antes de darse cuenta de que el hombre era mucho más grande de lo que debería ser un hombre. Rom

sintió que su corazón se aceleraba; ¡acababa de conocer a su primer gigante! No podía esperar a contarle a Azul la experiencia.

Finalmente, la noche comenzó a caer mientras Rom empezaba a perder algo de energía. Quería decirle a su familia a dónde iba, pero nunca imaginó que estaría tan lejos. El tiempo era cada vez más cálido, pero no había océano a la vista. Esperaba que sus padres no estuvieran demasiado preocupados por él.

La pareja se detuvo para pasar la noche, encontrando refugio en un bosque. Todos los árboles tenían un aspecto muy extraño, con una corteza de color óxido. Parecían estar espaciados unos de otros, dando al bosque un aspecto muy ordenado. Parecían balancearse de un lado a otro con un ligero viento. Azul juró que oía a los árboles susurrar entre sí.

Rom y Azul estaban muy indecisos sobre qué hacer. ¿Deben continuar su viaje o volver a casa? Sabían que tarde o temprano sus familias se preocuparían por ellos, pero tampoco querían haber desperdiciado todo el tiempo y el esfuerzo que les había costado el viaje hasta entonces. Llegaron a la conclusión de que continuarían por el momento. Los dos se sentaron junto al fuego que Rom había creado, comiendo una sopa de hierbas élficas

que Azul había hecho con las plantas de su entorno y algo de carne seca que los dos habían empacado para el viaje. Se rieron y contaron historias hasta altas horas de la noche.

Por la mañana, Rom buscó una cueva en la que esconder su artilugio en forma de capullo hasta el momento de regresar. El tiempo se parecía más a la primavera y menos al opresivo invierno de su país. Partieron una vez más en busca de su océano, negándose a perder la esperanza.

Una vez más, la pareja pasó horas en el cielo, viendo cómo el sol del mediodía cruzaba el horizonte y descendía. Había una quietud en el aire nocturno cuando la pareja decidió continuar su viaje en la oscuridad. Rom se vio animado por un extraño olor que les rodeaba. Era una salinidad que nunca había olido antes. Recordó los rumores sobre el misterioso mar, del que se decía que estaba lleno de una solución de agua salada. Desde su misterioso trono en el cielo nocturno estrellado, la luna esparció un pálido resplandor sobre nuestros héroes voladores.

El día comenzó con una visión milagrosa. Las olas cristalinas se revuelven entre sí y chocan contra una playa cremosa. Las palmeras y las flores dejaron de acercarse a la línea del mar cuando el suelo se convirtió en arena. Desde su posición en el cielo, Rom podía ver delfines y sirenas jugando en el agua cerca de la orilla. Se sintió abrumado por la majestuosidad de tal visión. Azul estaba dormido sobre el lomo del dragón, inclinado sobre su montura. Rom se lanzó

al cielo para despertar al elfo de su sueño. Supo que su plan había funcionado cuando oyó a su amigo jadear de alegría ante el espectáculo que tenían delante.

Rom aterrizó rápidamente en la playa. Algunas de las sirenas se taparon la boca en señal de asombro y se lanzaron bajo el agua. Por un momento olvidó que era un dragón. Respiró profundamente, absorbiendo el olor y el sabor del aire salado. Rom siempre había imaginado que el océano era hermoso, pero en persona, la imagen tenía profundidad.

Azul saltó de la espalda de su amigo y comenzó a mirar a su alrededor. Saludó a una curiosa sirena que sonrió y devolvió el gesto. Se acercó a la joven sirena y se presentó con Rom. Se llamaba Cora y dijo que nunca había conocido a un elfo o a un dragón. Le llamó la atención Rom y lo imponente que parecía, de pie en la arena frente a ella, junto a su amigo Azul.

Los tres entablaron una profunda conversación, comparando y contrastando sus entornos. Cora dijo que las puestas de sol en la playa eran impresionantes y que tenían que quedarse para ver una. Los dos se pusieron de acuerdo y no estaban nada contentos con el viaje de vuelta a casa. La joven sirena pidió ver a Rom respirando fuego. Esto era algo que Rom no había aprendido de la misma manera que sus compañeros, pero estaba dispuesto a intentarlo. Se volvió hacia la playa y trató de silenciar sus pensamientos. Esta era una técnica que siempre había utilizado para mantener el control de sus emociones cuando estaba ansioso. Un día descubrió por casualidad que también le permitía concentrar su fuego. Rom inspiró profundamente por la nariz y la soltó lentamente por la boca. Descubrió que si se concentraba bien, algo dentro de su pecho se unía al aliento y se convertía en llamas. Fue capaz de exhalar este fuego hacia la arena y vio cómo ocurría algo milagroso. Las zonas de arena afectadas por su aliento se habían vuelto claras y fluidas. Rom había fundido de alguna manera los trozos de arena bajo el calor de esta exhalación. Cora y Azul estaban tan sorprendidos como el joven dragón. Había creado algo que nunca habían visto en su reino: el vidrio. Observaron cómo el líquido transparente se endurecía hasta convertirse en un charco. El dragón cogió un trozo de este cristal endurecido porque su piel era muy resistente a la temperatura; le dio la vuelta al trozo en sus garras y admiró la belleza de su creación.

Azul y Rom se sentaron inmediatamente a pensar en cómo utilizar este nuevo material. Se podían construir cosas con él, pero también parecía que se rompía con mucha facilidad. Era una sustancia sorprendente y podía utilizarse en todo tipo de arte. Los dos intercambiaron ideas durante mucho tiempo, tratando de decidir cómo enfocar este nuevo objeto y su posible utilidad. Fue Azul, en la playa aquella tarde, quien tuvo la idea de las ventanas. La transparencia que permitía era su aspecto más funcional.

La pareja se quedó a ver una puesta de sol en la costa con Cora, sumergiéndose en la belleza natural de su nuevo lugar favorito. Empaquetaron una muestra de arena para llevarla a sus

comunidades y demostrar la utilidad de su descubrimiento. A su regreso fueron aclamados como inventores. Los dragones y los elfos unieron sus fuerzas para crear una operación de fabricación de vidrio justo al borde de la playa. Rom y Azul se ofrecieron a ir allí y supervisar la producción del nuevo material, y las ventanas se convirtieron en uno de los artículos más codiciados de todo Whimsy.

Todo esto ocurrió hace mucho, mucho tiempo, y el pueblo de Whimsy ha disfrutado de los beneficios del viaje de la pareja durante cientos de años. Sentaron las bases de todo tipo de arte funcional y cuencos, bombillas, ventanas e incluso espejos. Los espejos son muy importantes para una tierra mágica llena de bellas criaturas. Todos los estudiantes de Whimsy aprendieron la leyenda de Rómulo y Azul.

En cuanto a nuestros héroes, viajaban de un lado a otro de la costa gracias a su invento y vivían felices con su amiga sirena y sus familias en casa. Fueron un ejemplo de lo bueno que puede resultar de conocer a otras criaturas que no sean uno mismo. Creían firmemente en el libre intercambio de ideas entre culturas. Para los dos mejores amigos, ésta era sólo una de las muchas aventuras que estaban destinados a vivir juntos mientras compartían su tiempo entre la tierra que llamaban hogar y el majestuoso mar.

El Incendio

Ese año, el verano fue inusualmente caluroso en Urania. Al rey Arell le preocupaba que el bosque se calentara cada día más.

Un día la reina Gina llegó corriendo, gritando: "¡El bosque está en llamas!".

El rey y la reina se asomaron al balcón del castillo y vieron algo rojo en el horizonte. Sólo que no era el sol poniente, eran árboles en llamas. El humo negro que se elevaba era una señal de que no se detendría.

"¡Llama a las hadas del agua y a las ninfas del bosque! Debemos evitar que el fuego se extienda". El rey Arell gritó órdenes a los guardias y se cambió sus ropas reales por otras más ligeras.

"Mi reina, debo ir a ayudar a la gente del bosque a apagar el fuego".

"Tengan cuidado. Lleva a los magos contigo". Los magos son capaces de hacer llover, así que serían muy útiles.

Las hadas del agua hacían fluir el agua de los ríos y del océano y formaban las nubes. Los magos harían llover sobre el bosque. Las ninfas del bosque buscaron a los animales atrapados y los pusieron a salvo. Les dijeron a las hadas del agua dónde estaban las brasas aún vivas para lavarlas todas.

Al final del día, el fuego había desaparecido por completo. Gran parte del bosque estaba carbonizado. Las ninfas del bosque estaban demasiado cansadas para instar al bosque a sanar. El rey Arell pensó en lo que podían hacer. "Tráiganme al hombre que inició el fuego".

El hombre que había iniciado el fuego era un agricultor que quería utilizar parte del bosque como tierra de cultivo. Esto no estaba permitido por las órdenes del rey porque el bosque era el hogar de las ninfas, los árboles y los animales. El fuego no tenía dueño y podía quemar todo a su paso.

"Di lo que piensas, campesino. Dime cómo debo castigarte". El rey Arell tenía fama de ser amable. Siempre pedía a la persona que había cometido el delito que pensara en el mejor castigo. Si estaba de acuerdo, se le pedía que cumpliera el castigo. Si no estaba de acuerdo, le daría la cantidad justa de penitencia que debía hacer.

"No sabía que un incendio podía causar tantos daños. No creo que mi vida sea suficiente para pagar todo lo que se ha perdido por culpa de mi egoísmo", dijo el granjero inclinándose hacia el suelo.

"Si tu vida no es suficiente, hay que usar muchas vidas como pago". El hombre parecía asustado. Pensó que el rey exigiría muchas vidas. "¡Escúchame, campesino! Ahora darás tu vida para que el bosque vuelva a ser el maravilloso lugar que fue. Llama a todos los campesinos del país a retirar lo quemado y a plantar nuevos árboles en su lugar. Hombres, mujeres y niños mayores, todos deben plantar un árbol que represente sus vidas".

"¿Por qué todo el mundo tiene que hacer esto?" El agricultor estaba confundido.

"Cada árbol estará vinculado a ese humano. Cada vida estará representada por ella. Si el árbol crece bien y es bueno, la vida del ser humano será buena. Si el árbol muere o se quema, la vida del humano será mala".

El agricultor no sabía cómo podía decírselo a la gente. "No te preocupes, agricultor, porque yo mismo plantaré un árbol. Toda la gente de Urania vendrá de lejos a plantar un árbol y pronto recuperaremos nuestro bosque".

El decreto real del rey fue recibido con especulaciones. Pero como el rey era amado por su pueblo, todos plantaron un árbol. Los años pasaron y cada plántula se convirtió en hermosos árboles. Las ninfas del bosque cuidaron de cada árbol y los habitantes de Urania comenzaron una nueva tradición. Cada vez que nace un niño, se planta un árbol en el bosque. Por cada vida, se planta un árbol.

El bosque de Urania no volvió a incendiarse. Cada hombre, mujer y niño protegía su árbol porque estaba ligado a él. Gracias al amor y al apoyo de todo el reino, el bosque floreció y dio frutos, aire limpio y una vista maravillosa. Las criaturas que vivían en el bosque también estaban contentas.

En un mundo en el que un árbol es tan valioso como una persona, ningún bosque puede ser estéril.

LOS UNICORNIOS SON REALES

La La pequeña Cherry Jones sólo tenía tres años cuando empezó a tener sueños coloridos y aventureros. Soñó que no estaba en el barrio donde vivía con sus queridos padres, sino en una tierra lejana, en una ciudad medieval llamada Cherrytown, donde los magos siempre hacían algo extraño y los unicornios formaban parte de la vida cotidiana. En su sueño, Cherry era una princesa, tenía los vestidos más bonitos y una diadema en su larga y rizada melena rubia.

Cherry tenía un raro don. Ella fue capaz de volver fácilmente al sueño de la noche anterior. Y esto sucedía todas las noches. Así, en cierto modo, vivía una doble vida. Su vida diurna transcurría con sus padres en la casa suburbana que su padre había comprado para la familia y con sus amigos en la escuela todos los días. Y su vida nocturna transcurría siempre en Cherrytown, donde era la reina y cabalgaba en un enorme unicornio blanco que tenía pezuñas, barba de cabra y cola de león.

Cherry tenía una mejor amiga en la escuela. Se llamaba Susi, tenían la misma edad y siempre se sentaban juntos a comer. Un día estaban sentados en el comedor escolar y Cherry oyó que uno

de los chicos, que siempre causaba problemas, se burlaba de otra chica que Cherry no conocía. Decía algo así como: "¡Apuesto a que crees en los unicornios!". Cherry se dio cuenta de que la chica de la que se burlaban tenía un broche en forma de unicornio en su jersey y que por eso se burlaban de ella. Algo se agitó en el interior de Cherry que, aunque no sabía lo que estaba pasando, se levantó y gritó: "¡Para, estúpido, porque los unicornios son reales!

Incluso los profesores de la cantina dejaron de hacer lo que estaban haciendo y se volvieron para mirar a Cherry por un momento. Nadie se movió y nadie habló durante unos segundos, hasta que el chico en cuestión empezó a reírse histéricamente de Cherry y a señalarla. "Ella cree que los unicornios son reales, cree que los unicornios son reales, cree que los unicornios son reales", repitió. Cherry no se levantó y salió corriendo, aunque eso era lo que le apetecía hacer porque sabía que ella tenía razón y él estaba equivocado, iy algún día lo demostraría!

En su colegio se corrió la voz de lo que había ocurrido aquel día en la cantina y la mayoría de sus amigos lo veían como un niño estúpido más que se comportaba como tal, así que Cherry se alegró de haber soltado lo de la existencia de los unicornios. Su amiga Susi, sin embargo, era una historia diferente. No dejaba de preguntarle a Cherry por qué lo había contado y Cherry no sabía qué decirle. Todo lo que sabía era que había aprendido algo sobre sí misma ese día y no estaba segura de cómo manejarlo. Le encantaban sus sueños y cada vez se involucraba más en el mundo de los sueños de Cherrytown, y menos en el mundo real. Sabía que estaba mal, pero no sabía qué hacer, así que decidió contarle todo a Susi.

Al día siguiente, durante el almuerzo, Cherry se aseguró de sentarse lo más lejos posible de los demás niños de la cafetería y le contó todo a Susi. Al principio Susi decía: "¿Cómo es posible que puedas volver a tu mismo sueño cada noche? Cada vez que preguntaba, Cherry se limitaba a mirarla. Ella misma no sabía la respuesta a esa pregunta, pero nunca cuestionó lo que sabía, que era que Cherrytown y todo lo que había en ella era real.

Al final, Cherry le dijo a Susi que intentaría encontrar la manera de llevarla también a Cherrytown para que pudiera verla por sí misma. Le habló a Susi de la concienciación, que era algo que había aprendido en un programa especial de televisión para niños. "Oh, Susi, si tú también pudieras aprender técnicas de mindfulness, apuesto a que ambos podríamos soñar el mismo sueño, y podrías verlo todo por ti mismo", dijo Cherry.

Al día siguiente, en el colegio, Susi corrió hacia Cherry toda emocionada y le dijo: "He encontrado ese programa de televisión y ahora estoy aprendiendo mindfulness. ¿Crees que podrías mostrarme cómo llegar a Cherrytown?".

Esto realmente hizo reflexionar a Cherry, porque aunque le había dicho a Susi que lo mirara, no lo había pensado del todo y ahora necesitaba más tiempo para responder a esa pregunta. "Déjame pensarlo. Podría preguntarle al mago en mi sueño. Él lo sabría", le dijo a Susi con un brillo en sus pequeños ojos.

"Oye, es una gran idea", dijo Susi. Así que esa tarde Cherry llegó a casa con una expresión muy pensativa en su carita.

Esa noche, Cherry se dio cuenta de que probablemente había olvidado decirle a Susi que meditaba todas las noches antes de irse a dormir. Eso podría ser una parte importante de por qué puedo hacer esto", pensó. Esa noche, durante su meditación, se centró en su amiga Susi y en ayudarla a llegar hasta donde estaba. Luego se metió en su cama y se quedó profundamente dormido. Como de costumbre, pronto se encontró de nuevo en su querida Cherrytown. En cuanto abrió los ojos, encontró a su gran unicornio blanco esperándola en la montaña de Cherrytown. Así que se subió al unicornio y galopó por el camino en busca del mago. Lo curioso fue que en el mismo momento en que ella pensó que lo iba a encontrar, él se materializó allí, al lado del camino, saliendo de un enorme árbol que tenía una gran puerta redonda cerca.

"¡Hola, mi querida niña!", gritó el mago. "¿Qué puede hacer este humilde mago de Cherrytown por usted en este brillante y maravilloso día?", preguntó.

"Oh, hola, señor Mago", dijo Cherry con una sonrisa. "Quiero llevar a un amigo muy querido a ver Cherrytown, pero no sé muy bien cómo hacerlo. ¿Puede ayudarme, señor?", preguntó.

"Claro que puedo, querida, porque, como sabes, soy el mejor y más mágico mago de la ciudad. Ahora aparca ese hermoso unicornio tuyo y entra; te proporcionaré todos los pasos necesarios para realizar tu noble objetivo, ¡y me permito añadir que estoy muy impresionado de que aspires a tales niveles de conciencia! Y por supuesto que eres lo suficientemente inteligente como para venir a mí como soy.... Bueno, creo que ya lo he dicho".

El mago es ciertamente propenso a presumir de sí mismo", pensó Cherry.

Cherry se bajó del unicornio y siguió al Mago hasta su casa del árbol, finamente decorada.

"Siéntese", dijo el Mago, moviendo la mano en un gesto de cortesía hacia un largo sofá rojo en la pared del fondo. Se sentaron juntos y el Mago comenzó: "Ya deberías saber que aquí en Cherrytown vivimos en un universo paralelo al que vivís tú y tu amigo, ¿verdad? La razón por la que has podido vernos aquí en Cherrytown es que has alcanzado una conciencia superior. Una vibración más alta, por así decirlo", explicó.

Cherry movió un poco los pies, de modo que quedó de frente a él mientras éste continuaba. "La forma en que has alcanzado este nivel de conciencia es a través del desarrollo de la conciencia. La atención plena y la meditación van de la mano y cualquiera puede hacerlo, así que esto es lo que tienes que hacer al llegar a casa por la mañana. Muéstrale a tu amiga cómo enlazar su conciencia con su meditación y cuéntale exactamente cómo llegas aquí, ¿de acuerdo?" Y tras decir esto, la cara del mago se convirtió en la mayor sonrisa que Cherry había visto nunca. Entonces metió la mano en su bata y sacó un objeto. "Extiende tu mano", dijo. Cherry lo hizo, y el mago dejó caer con cuidado una pequeña bola de latón en su palma abierta como anticipación. "Dale esto a tu amiga y dile que lo sostenga cuando medite. Dile que debe devolvérmelo ella misma y luego dile que debe venir aquí para hacerlo. ¿Lo entiendes?", preguntó Cherry.

"Oh, sí, señor", le dijo Cherry en voz baja. "Le agradezco mucho su ayuda, y sé que mi amigo también lo hará", le dijo al Mago. Y con eso, el Mago, el largo sofá rojo e incluso el árbol se desvanecieron, y ella estaba de nuevo sentada en su fiel amigo, el Unicornio, sólo que todavía tenía la pequeña bola de bronce agarrada en la mano. Cherry no pasó mucho tiempo en Cherrytown esa noche porque estaba ansiosa por llegar a casa y despertarse a la mañana siguiente. Tendría una noticia maravillosa para Susi y sabía que ésta estaría encantada.

Efectivamente, cuando Cherry llegó a la escuela a la mañana siguiente, su amiga la estaba esperando en su lugar habitual. Antes de que Susi pudiera decir una palabra, Cherry dejó caer la pequeña bola de latón en la pequeña mano de Susi. "¿Qué es esto?", preguntó Susi en tono emocionado".

"Hay que devolverlo a Cherrytown, así que será mejor que te pongas a trabajar esta noche y te asegures de que llega allí, ¿vale?", explicó Cherry. Cherry pudo ver, por la mirada de desconcierto de su buena amiga, que necesitaba más explicaciones. "El Mago de Cherrytown dijo que te ayudaría a visitar Cherrytown. Muy sencillo, debes devolver la bola de bronce. La bola de latón pertenece al Mago de Cherrytown, así que debes ir a Cherrytown para devolverla en persona -explicó-. 'Esta noche, cuando te acuestes, ten la bola de bronce en la mano y haz tu meditación como hasta ahora, pero esta vez piensa en tu tarea. Debes ir y devolver esta bola de bronce. Estaré allí esperándote".

Esa noche, Susi siguió las instrucciones del mago e hizo exactamente lo que éste le dijo. Luego se metió en su cama y pronto se quedó dormida. De repente, como podía imaginar, allí estaba junto a Cherry en Cherrytown. "¡Vaya, ha funcionado!", exclamó Susi.

"Sí, funciona, y he aquí por qué", afirmó Cherry. "El mindfulness y la meditación consciente siempre consiguen la paz y la tranquilidad, que es exactamente de lo que está hecho Cherrytown. Por lo tanto, esto significa que tú, amigo mío, has alcanzado una vibración superior y ahora puedes hacer muchas cosas maravillosas y realizar todos tus sueños en casa."

Susi y Cherry fueron inmediatamente juntas al Mago y le devolvieron la bola de latón. Felicitó a Susi y les dio las gracias a ambos por haberle devuelto rápidamente la bola de latón.

Durante los días siguientes, tanto Cherry como Susi vivieron maravillosas aventuras en la pequeña ciudad medieval de Cherrytown. Un día, estaban cabalgando por el bosque cuando Cherry tuvo una idea; se detuvieron y desmontaron y Cherry se concentró en ver al Mago. Por supuesto, al igual que la última vez, una enorme puerta en un árbol cercano se abrió y salió el mago.

"Bueno, hola, señoras. ¿A qué debo este honor?", les preguntó el mago.

"Hola, Sr. Mago", comenzó Cherry. "Tengo una idea y me preguntaba si estarías interesado en ayudarme de nuevo", preguntó Cherry.

"Por supuesto, querida, entra y cuéntame todo", dijo el mago. La visita no tardó en terminar. Cherry había susurrado algo al oído del mago y una enorme sonrisa de felicidad apareció en su rostro barbudo. "¡Oh, qué divertido será esto!", exclamó.

Esa noche, el chico que se había burlado de Cherry en la cantina estaba profundamente dormido en su cama. Ningún ruido le molestaba y ninguna luz entraba por la ventana abierta de su dormitorio. Entonces, de repente, se puso inquieto y se revolvió en la cama como si le molestara algo. Sabiendo que algo iba mal, se dio la vuelta y abrió los ojos. Justo al lado de su cama estaba el enorme Unicornio blanco con la pequeña Cereza sentada tranquilamente en su lomo. Ella lo miró directamente y él se asustó; se levantó de un salto y luego se cayó de la cama hacia atrás, de modo que quedó detrás de la cama y sentado en el suelo. "Qué.... Qué.... Cómo es que... ¿Estoy soñando?", murmuró con voz suave.

Cherry soltó una sonora carcajada y dijo una cosa: "¡LOS UNICORNOS SON REALES!".

EL UNICORNIO Y EL TROLL

Zoe era un hermoso y mágico unicornio blanco brillante con un cuerno dorado reluciente. Le encantaba bailar y jugar, aprender cosas nuevas, ayudar a la gente y hacer nuevos amigos. La vida siempre fue una aventura para Zoe.

Un día de lluvia, Zoe decidió visitar a su amigo, la Rana, para cantar con él bajo la lluvia. Le gustaba la aventura, así que decidió tomar un camino diferente. Este camino la llevó cerca de un de un río atravesado por un puente. Gracias al puente, Zoe pudo llegar al lugar donde vivía Rana con su familia. Zoe estaba a punto de subir al puente cuando oyó una voz muy asustada que gritaba: "¡Alto! ¿Quién intenta cruzar mi puente sin pagar el peaje?

Zoe se sorprendió y dio un paso atrás. "Soy Zoe el unicornio", dijo.

"Bueno, Zoe", dijo la voz profunda y aterradora. "Este es mi puente y no puedes pasar sin pagar el peaje".

"De acuerdo", dijo Zoe. "¿Cuál es el peaje?"

"El peaje es lo más querido y preciado para ti", respondió la voz aterradora. "Creo que para ti sería tu cuerno".

"¡Mi cuerno!", dijo Zoe con sorpresa. "No puedo darte mi cuerno. Es una parte de mí. Su magia me permite existir. Sin ella, ya no existiría".

"Este es el peaje", dijo la voz.

Zoe estaba frustrada. "¿Quién es usted?", le preguntó.

"Soy el troll Tobia, que siempre exige un peaje". De debajo del puente salió una fea criatura.

"Bueno, Tobia", dijo Zoe. "Voy a ver a un amigo y supongo que tendré que tomar una ruta diferente. No puedo pagar tu peaje".

"Bueno, ya es demasiado tarde", dijo el troll feo. "Ahora debes pagar el peaje o te comeré".

"Así que..." Zoe lo pensó. "Mis únicas opciones son darte mi cuerno y dejar de existir, o que me comas y dejes de existir. Me parecen dos malas opciones. De cualquier manera, dejaré de existir".

"Hmmm", dijo el troll Tobia. "Tienes razón. A mí tampoco me gustarían esas opciones. Pero se supone que soy un troll que da miedo. Si me echo atrás ahora, los demás pensarán que soy débil y no podré cobrar los peajes. Eso hace que yo mismo no pueda existir".

"¿Y qué podemos hacer?" preguntó Zoe. "Parece que estamos en un punto muerto, ¿pero estarías dispuesto a encontrar otro camino?"

"¿Se te ocurre otra forma?" preguntó Tobia con esperanza. "No quiero perder mi imagen de miedo, pero también necesito sobrevivir".

"¿Por eso pides peajes?", preguntó Zoe, "¿para sobrevivir?".

"Sí, por eso", admitió Tobia. "No puedo ir a ningún sitio porque no puedo estar mucho tiempo a la luz del sol. Por eso me quedo a la sombra del puente".

"¿Por qué no sales a hacer cosas por la noche, entonces?", preguntó Zoe.

"Porque la magia me une al puente", dijo Tobia. "Si me alejo demasiado del puente, dejaré de existir".

"Hmmm", pensó Zoe. "Eso es un problema".

"Sí", coincidió Tobia.

"De acuerdo", dijo Zoe. "¿Y si... y si utilizo mi magia para hacer el puente lo suficientemente pequeño como para llevarlo en el bolsillo? De esta manera, podrías caminar y hacer lo que necesitas, tener tu puente contigo en todo momento para poder seguir existiendo, y podrías esconderte en las sombras o salir de noche... como quieras".

"¿Podrías hacerlo?", preguntó Tobia con esperanza.

"Podría", admitió Zoe. "¿Te gustaría eso?"

"¡¿Estás bromeando?!", dijo Tobia aún incrédula. "¡Sería libre para divertirme, vivir aventuras y ver el resto del mundo!

"¡Sí, podrías hacerlo!" Zoe se rió. "Si te parece bien..."

"¡Si! ¡Si!" Dijo Tobías. Luego lo pensó. "Pero espera... primero tienes que cruzar el puente y llegar al otro lado".

"De acuerdo", dijo Zoe, cruzando el puente después de que Tobías se hubiera quitado de en medio. "¿Pero por qué querías que hiciera eso?"

"¡Porque me acabas de pagar el mejor peaje de la historia!" Tobías saltó de alegría.

"Estoy feliz de ayudar a un nuevo amigo", dijo Zoe, sonriendo. "¿Estás listo?"

"¡Oh, sí!", dijo Tobia.

Zoe tocó el puente con su cuerno mágico y el puente se hizo muy pequeño... lo suficientemente pequeño como para que Tobia lo recogiera y lo metiera en su bolsillo, cosa que hizo. Saludó a Zoe al otro lado del río y gritó: "¡Gracias, Zoe! Espero volver a encontrarte en mis aventuras".

"¡Seguro que nos volveremos a encontrar!", gritó Zoe en la distancia, y luego se dio la vuelta para ir a buscar a su amiga Rana y cantar juntas bajo la lluvia.

Capítulo 4: Historias Contadas con Técnicas de Relajación

Tortugas Felices

*P*ara hacer esta meditación, pídale a su hijo que cierre suavemente los ojos y respire profundamente. Pídale que respire profundamente varias veces y que relaje su cuerpo con cada respiración. Al respirar profundamente, permitirá que su cuerpo se calme y relaje sus músculos. Insístele en que respire profundamente mientras dure esta historia. Después de la historia, puedes tomarte un tiempo para preguntarle a tu hijo cómo se sintió durante la relajación y si surgió algún pensamiento o preocupación. Intenta ser positivo y tranquilizarle diciéndole que es normal que se preocupe. Permítele ser vulnerable y contarte todos sus problemas sin juzgarle..

***

Cierra los ojos y ponte cómodo en la cama. Deje que su cuerpo se hunda en el colchón y relaje sus músculos y su cuerpo de forma natural. Respira profundamente varias veces y deja salir el

aire lentamente. Imagina un grupo de tortuguitas felices. Son extremadamente lindos y se ven súper felices. No son tortugas de verdad, quizá se parezcan a las tortugas de alguno de tus dibujos animados o películas favoritas. Mira a la tortuga y sonríele, imagina que ella también sonríe.

Imagínate que estás en el borde de donde vive esta tortuga. Tal vez se trate de una tortuga marina y estés junto al agua en una playa y las tortugas se estén preparando para bajar al agua a vivir con sus familias. O tal vez es el tipo de tortuga que vive en tierra y estás en el bosque observando a estas tortugas cuando salen de la sombra de un gran árbol con muchas hojas grandes que caen al suelo debajo listas para ser comidas. O tal vez se trate de una tortuga del desierto y esté tumbada al sol absorbiendo el calor y descansando felizmente.

Imagina a las tortugas en detalle, imagina que tienen grandes ojos brillantes y que pueden pararse sobre sus patas traseras y sostener cosas con sus patas delanteras. Son como animales de dibujos animados que pueden hablar. Tienen ojos grandes, naricitas graciosas y sonrisas tontas que dan ganas de reír porque te alegran el corazón.

Fíjate en el brillo de los ojos de las tortugas. Fíjate en la tranquilidad de sus rostros mientras te sonríen alegremente. Imagina que las tortugas quieren ser tus amigas. ¿No son felices?

Imagina que les preguntas a las tortugas por qué son felices y empiezan a contarte todas las cosas que las hacen felices. Una tortuga dice que es feliz porque siempre tiene mucha y buena comida y le hace feliz saber que siempre hay algo que comer.

Otra tortuga dice que se alegra de saber que el sol está ahí para ella incluso cuando está oscuro o hay tormenta fuera. Dice que agradece que el sol ayude a las plantas a crecer y que le encanta mirar las plantas y comerlas.

Otra tortuga dice que está contenta por el agua que fluye en un río cercano, porque siempre le da un trago fresco cuando tiene sed y alimenta las plantas que come para cenar.

Otra tortuga dice que está contenta por sus amigos y otras personas que la quieren, se preocupan por ella y siempre quieren que lo haga lo mejor posible, sin preocuparse de cómo lo ha hecho, siempre que lo haya hecho lo mejor posible.

Piensa en lo agradecidas que están estas tortugas y alégrate por ellas. Piensa en todas las cosas que puedes agradecer. Piensa en tus profesores y compañeros y en lo mucho que disfrutas de su presencia en tu vida diaria. Piensa en lo feliz que eres al aprender cosas nuevas cada día que vives. Piensa en lo bonito que es que la gente te quiera y se preocupe por ti. Piensa en lo hermoso que es que el sol esté siempre ahí, incluso cuando está oscuro; el sol brilla sobre la luna para iluminar el cielo. Incluso en la oscuridad hay luces brillantes del sol en las estrellas y la luna.

Piensa en todas las cosas que tienes en tu vida que te hacen feliz. Tal vez sea un juguete favorito o una tortuga imaginaria en su mente. Tal vez sea un mejor amigo de la escuela o una de las actividades que realiza en su día. Piensa en todas las cosas que puedes agradecer: la naturaleza, las personas, las cosas, las ideas. Hay tantas cosas que pueden hacernos felices, incluso imágenes en tu mente. Recuerda que cuando estemos tristes o frustrados podemos pensar en las tortugas felices y recordar todas las cosas por las que son felices y esto nos recordará las cosas que nos hacen felices.

Hoy has aprendido muchas cosas buenas, tal vez hayas tenido un buen día, o tal vez hayas tenido uno difícil con muchos desafíos.

Recuerda que lo hiciste lo mejor que pudiste y que todos están orgullosos de ti por intentar hacerlo lo mejor posible.

Imagina que les cuentas a las tortugas todo lo que te ha pasado en el día, todo lo bueno que te ha sucedido, todo lo que te ha hecho sonreír. Dile a las tortugas todas las cosas de tu vida por las que estás agradecido, todas las cosas que te hacen sonreír en tu día. Dile a las tortugas que estás agradecido de poder imaginarlas en tu mente. Dales un abrazo para agradecerles su sabiduría para agradecer las cosas.

Las tortugas se alegran de que hayas decidido ser su amigo y les agradeces su sabiduría. Se dirigen a ti y te dicen que te agradecen que hagas lo mejor posible cada día y que nunca te rindas. Las tortugas felices te dan abrazos y cada una dice algo que le gusta de ti. Algunos dicen que eres valiente. Algunos dicen que eres inteligente. Algunos dicen que eres amable. Algunos dicen que eres generoso. Algunos dicen que eres guapo. Todo el mundo dice algo para recordarte lo especial que eres.

Es el momento de despedirse de las tortugas, te despides de ellas y te vas. De fondo, se les oye despedirse y se percibe la alegría en sus voces. Recuerda que, siempre que lo necesites, puedes imaginar que estás rodeado de las tortugas felices y escuchar todas las cosas por las que están agradecidas, incluso por ti. ¿No es la vida mucho más hermosa cuando nos tomamos un momento para estar agradecidos?

Dulces sueños, cariño.

LA AVENTURA DEL HELADO

Encuentra un lugar en el que puedas sentarte cómodamente. Cierra lentamente los ojos, respira profundamente y exhala muy despacio. Hazlo cinco veces con los ojos aún cerrados. Hoy irás a un palacio hecho de tus dulces favoritos: helados, chocolates, pasteles y caramelos.

Imagina que te levantas y sales de tu casa. En el exterior se ven muchas colinas, pero en lugar de hierba, las colinas están cubiertas de tu sabor favorito de helado. Las colinas son como gigantescas bolas de helado y te precipitas hacia ellas. Te quitas los zapatos o las zapatillas y sientes el suelo. Es suave y un poco fría, pero el frío no hace daño a los pies. El olor de tu sabor de helado favorito cubre el aire y la luz del sol es brillante pero nada cálida.

Hundes las manos en el suelo del helado y das un mordisco, probando ese sabor tan delicioso y fresco. Sin embargo, después de un bocado, se oye el sonido de un arroyo. Cuando miras hacia abajo desde donde estás, ves que el arroyo está hecho de chocolate derretido caliente. Respiras profundamente, cierras los ojos y te deslizas por la colina de helados.

Una vez abajo, se huele el aire rico en chocolate y se sumerge un dedo en la corriente. El chocolate derretido está caliente y sabe a su chocolate. Ves tu taza favorita junto a tus pies, la coges y la sumerges en el chorro de chocolate. Cierras los ojos y absorbes el rico olor a chocolate. Inhala y exhala y se relaja, antes de tomar un sorbo de la bebida. Un viento frío sopla debajo de ti y tus pies se sienten repentinamente fríos. Los sumerges en el cálido chorro de chocolate derretido e inmediatamente te sientes mucho mejor. Dejas los pies en el arroyo, te relajas en el calor y te recuestas, cerrando los ojos y disfrutando de la sensación de la suave luz del sol y la fresca brisa que toca tu piel. El olor de tu sabor de helado y chocolate favorito llena el aire, y sonríes mientras te recuestas y te calientas los pies en el arroyo.

Ahora, después de hacer cinco respiraciones profundas, inhalando lentamente el aire de olor agradable y exhalándolo muy suavemente por la boca, imagina que estás de pie. El chocolate caliente se derrite lentamente de tus pies y, cada vez que das un paso, dejas una huella de chocolate en el suelo helado. Después de caminar un rato, ves tus pantalones de nieve favoritos colgados de un árbol, pero el árbol no tiene hojas. En lugar de hojas, hay todos tus caramelos favoritos del mundo. Coge los pantalones de nieve y póntelos. Está muy caliente y sientes que los músculos de las piernas se relajan al tocar la tela del pantalón.

En otra colina, se ve una plantación de plátanos y una suave pendiente. Emocionado, corres hacia el barco y encuentras un lugar cómodo. Al sentarse dentro de la embarcación, nota que el interior es agradablemente cálido y confortable, y la parte inferior de su cuerpo se relaja lentamente como si estuviera sentado en una bañera medio llena de agua caliente. Cierra suavemente los ojos, inhala y vuelve a exhalar por la nariz. Haga esto muy lentamente durante otras cinco veces. Entonces imagina que abres los ojos y ves la excitante pendiente que seguramente te dará un fantástico paseo. En la parte inferior, donde aterrizas, el suelo está hecho de malvaviscos gigantes y esponjosos.

Pones las manos a los lados de las caderas y, muy lentamente, empiezas a empujar el barco hacia la pendiente. Te adelantas a todo, haciendo que todas las colinas de helado y los árboles de caramelo desaparezcan en un instante, y te ríes mientras el aire fresco te golpea la cara y te echa el pelo hacia atrás. El fondo está todavía un poco lejos, así que cierras los ojos y das una gran sonrisa. Sientes que el aire entra en tu boca y tratas de inhalarlo. El aire se mezcla con las mariposas en el estómago y te sientes emocionado y muy feliz. Cuando abres los ojos, ves que los malvaviscos gigantes ya están cada vez más cerca. Cuando el barco choca con el malvavisco, sales despedido y rebotas contra los malvaviscos. Te sientes eufórico. ¡Qué emocionante ha sido ese tobogán!

Sonríes y respiras lentamente mientras te recuestas sobre los suaves malvaviscos. Cierras los ojos y sientes que tu espalda y tus hombros se hunden un poco en el malvavisco, como si estuvieras acostado en una cama muy suave. El malvavisco comienza a masajear sus hombros y su espalda y siente que sus músculos se deshacen. Toda la tensión de tus músculos va desapareciendo poco a poco mientras tu espalda y tus hombros son masajeados por los malvaviscos. Te sientes muy cómodo y relajado.

Después de un rato, abre los ojos y se levanta. Pasas por delante de los suaves malvaviscos y te diriges a un campo hecho de nieve muy pulverizada. Al acercarse, se da cuenta de que la nieve huele a su cereal favorito, así que prueba un poco y se sorprende mucho. La nieve parece nieve pero es muy sabrosa. Sonríes y te acuestas para hacer un ángel de nieve. Cierra los ojos y respira de forma refrescante por la nariz. El aire huele a tus cereales favoritos y exhalas por la nariz. Hazlo cinco veces más, y cada vez que lo hagas, agita los brazos y las piernas para hacer lentamente un ángel de nieve.

Más tarde empiezas a sentir un poco de frío, así que te levantas y ves un abrigo hecho de gofres en el suelo. Cuando te lo pones, te calienta inmediatamente todo el cuerpo y sientes una sensación cálida y relajante en el pecho, los hombros y los brazos. Después de sentir que el calor se extiende lentamente por todo el cuerpo, se oyen risas en la distancia. Corres hacia el sonido y te encuentras con un niño riendo y tu animal favorito lanzándose bolas de nieve. Te llaman para que juegues con ellos y rápidamente corres hacia ellos. Formas una bola de nieve muy grande y golpeas al niño, pero después de que el niño tropiece con el suelo, te golpea una bola de nieve hecha por tu animal favorito y todos os reís.

Más tarde, miras al cielo y ves copos de nieve hechos de diferentes gemas y metales. Algunos son dorados, otros están hechos de diamantes y otros son de todos los colores que puedas imaginar. Los tres deciden elegir su color favorito entre los copos de nieve que caen. Al cabo de un rato te das cuenta de que el sol ya se está poniendo y que poco a poco va haciendo más frío. Tienes el cuello especialmente frío, así que tus amigos te tejen rápidamente una bufanda hecha con tus copos de nieve favoritos que te calienta muy bien el cuello. Cierra los ojos y respira lentamente, sintiendo que el calor abraza su cuello y se extiende hacia arriba, hasta la cabeza y la punta de las orejas. Tus amigos también han hecho sus bufandas y todos estáis calentitos.

Más tarde, notas un resplandor naranja brillante no muy lejos de donde estás. Vas allí y encuentras un fuego caliente pero nunca hirviendo. Intentas acercarte para ver si se calienta, pero nunca lo hace. Es sólo un agradable calor anaranjado. Pones lentamente un dedo en el fuego y te sorprendes al notar que el fuego no arde en absoluto. Los tres deciden sentarse alrededor del fuego y poner las manos en él. Es muy cálido y muy relajante, y cambia de color dependiendo de lo que quieras que sea. El fuego sube lentamente por la ropa, pero nunca la quema. Sólo está muy caliente, y te cubre lentamente con una luz brillante de aspecto muy fresco que nunca te quema la piel ni la ropa. El fuego también huele a tu champú favorito. Cierras los ojos y aspiras el olor, y cuando los abres, te encuentras frente a la puerta de tu habitación. Abres lentamente la puerta y te encuentras en tu habitación. La cama es muy acogedora, ya que has tenido un largo y agradable día. Te tumbas en la cama. Lentamente, haces cinco respiraciones 1-2-3-4-5 y muy suavemente abres los ojos para encontrarte en el mundo real. Siente que cada parte de tu cuerpo se relaja y respira profundamente por última vez antes de levantarte con una sonrisa por todos los momentos divertidos que has pasado.

METAMORFOSIS DE LAS MARIPOSAS

S abías que una mariposa no nace como tal? Antes de convertirse en mariposa, es una oruga; luego se enrolla un capullo a su alrededor y después de un tiempo se convierte en mariposa. Una locura, ¿no? Este proceso se llama **metamorfosis**. ¿Y si pudiera experimentar su propia metamorfosis? ¿Y si pudiera hacerlo ahora mismo, sin tener que mover un solo músculo? Realmente puedes - ¡en tu mente! Tu mente es capaz de hacer muchas cosas increíbles, entre ellas algo llamado Visualización.

Para empezar a practicar la visualización, cierra los ojos (a no ser que seas tú quien lea esto, claro). Para construir una visualización muy fuerte, suele ser útil centrarse primero y estar seguro de que le estás dando a tu cerebro las mejores herramientas que necesita para trabajar. En este caso, eso significa oxígeno, y el oxígeno significa respirar profundamente.

Ahora respira lenta y profundamente, siguiendo mis instrucciones: Inhala muy lentamente, 1 - 2 - 3 - 4. Ahora exhala, muy lentamente, 1 - 2 - 3 - 4. Excelente. Ahora de nuevo muy lentamente, 1 - 2 - 3 - 4 y exhala de nuevo muy lentamente, 1 - 2 - 3 - 4 muy bien. De nuevo, muy lentamente en 1 - 2 - 3 - 4 y fuera de nuevo muy lentamente, 1 - 2 - 3 - 4. ¡Genial!

Tómate un momento para revisar cómo te sientes. ¿Estás cómodo y te sientes bien? Bien, genial.

Imagínate a ti mismo, en tu mente, fuera jugando en la hierba. Estás corriendo, dando patadas a una pelota, divirtiéndote al aire libre. Es una hermosa mañana de primavera y estás disfrutando del fabuloso clima primaveral. El sol brilla por encima de ti y en el patio sopla una ligera brisa primaveral.

Hace un poco de frío aquí fuera, así que te adelantas y coges la sudadera con capucha que has traído por si la necesitas, y te la pones sobre los brazos y los hombros, subiendo la cremallera hasta arriba. También te colocas la capucha sobre la cabeza y te tomas un momento para considerar lo abrigado y seguro que estás ahora. Es como tu propio capullo.

Empieza a sentir una intensa necesidad de estirarse y alcanzar el cielo, pero se da cuenta de que su sudadera le impide estirar los brazos hasta el final. Te bajas la cremallera de la sudadera, te la quitas y tratas de estirarte de nuevo, dejando que tus brazos se extiendan realmente hacia arriba y hacia fuera, y de repente, notas que donde antes tenías brazos, ahora tienes alas.

¡¡Wow!! ¡Tus brazos son ahora hermosas alas de mariposa! Son azules y morados y los balanceas un poco a cada lado mientras los miras con incredulidad. ¿Qué demonios acaba de pasar? ¿Te has convertido en una mariposa?

Sorprendido y asombrado, estiras tus nuevas alas de mariposa y las agitas un par de veces. Una ligera ráfaga de viento primaveral recorre el patio y, de repente, te encuentras flotando en el aire. ¡Estás volando! Sigue batiendo las alas suavemente, subiendo, subiendo y subiendo al cielo. Es un hermoso día. El cielo es azul y claro, y te sorprende ver el mundo que tienes debajo desde este punto de vista. Te sientes tan ligero y libre. Estás volando por el cielo con tus nuevas alas de mariposa, maravillado por lo fantástico y divertido que es esto. Tus alas centellean a la luz de la primavera y te calienta el sol a tu lado. Agitando las alas, te sientes glorioso y sigues surcando el cielo.

Te sientes ligero y libre y tus alas ondean con la brisa. Sonríes porque el sol en tu cara y la brisa bajo tus magníficas alas te hacen sentir muy bien y te preguntas si es así como se sienten todas las mariposas cuando surcan el cielo. Estás feliz y contento. Estás muy emocionado por experimentar el vuelo como una mariposa. Estás preparado para explorar el mundo desde el punto de vista de una mariposa y estás muy agradecido por poder experimentar cómo es la metamorfosis de una mariposa.

Todavía no tienes que dejar de volar con tus nuevas alas de mariposa si no quieres. Puedes pasar todo el tiempo que quieras aquí y puedes volver cuando quieras.

Puedes crear lo que quieras en tu mente. Imagina dónde quieres ir y construye la imagen en tu mente. Asegúrate de imaginar cómo quieres que huela, sepa, oiga y sienta. Cuanto más detalle pueda reproducir su imagen mental, más disfrutará de su presencia. Todo depende de ti. Tal vez, mientras te duermes, te encuentres de nuevo en el cielo, volando y girando bajo la suave luz de la primavera con tus hermosas alas de mariposa.

CONCLUSIÓN

esperamos que ambos hayan disfrutado de los cuentos que le leyeron a su hijo. Si cada noche le dedicas un tiempo a tu hijo para leerle un cuento y pasar un rato con él, seguro que ya estás viendo los beneficios. Trabajar con tu hijo para establecer una rutina nocturna te ayudará a mantener la armonía en la que tú y tu familia trabajáis cada día. Asegúrate de disfrutar del tiempo que pasas con tu hijo cuando le lees estos cuentos. Haz que sea una forma divertida y agradable de terminar el día.

Estamos seguros de que estos cuentos han enseñado a su hijo muchas lecciones, como la importancia de la obediencia, la justicia y la lealtad. Algunos cuentos de hadas le enseñaron lo importante que es no juzgar a los demás por la apariencia sino ser siempre amable con los demás, otros le enseñaron la importancia del conocimiento y el valor.

Estos cuentos animan a su hijo a intentar ser siempre la mejor versión de sí mismo, a cultivar bellas virtudes como la bondad, el altruismo, la empatía, la obediencia y la lealtad. Le animan a afrontar y superar sus miedos y a amar el conocimiento. Transmiten valores importantes como la amabilidad, el respeto a los demás y a la naturaleza y animan a tu hijo a superar sus miedos y a creer en sus sueños.

Esperemos que estos cuentos le hayan dado la oportunidad de explicar a su hijo que los problemas existen y que nadie es inmune a ellos, pero que siempre hay que afrontarlos con valor y gran entereza. Si aún no lo has hecho, intenta motivarle para que desarrolle un pensamiento crítico a través de preguntas reflexivas; esto te ayudará a entender qué piensa tu hijo, qué siente, cuáles son sus miedos y también cuál es su forma de afrontar los problemas y las situaciones incómodas.

Esperamos que estas historias os permitan a ti y a tu hijo actuar con amabilidad en vuestras actividades diarias. Tómese un momento para escapar del mundo agitado y sobreestimulado. Regálese un poco de relajación y libérese de las cargas del mundo mientras se adentra en un reino mágico. Alejarse de esta negatividad es una liberación básica que toda persona puede aprender y aplicar.

No te canses nunca de leerle a tu hijo su historia favorita antes de dormir, ya sea un cuento, una historia de hadas o una escucha de visualización. Este pequeño momento creará un vínculo mágico entre vosotros. Es un gran momento de crecimiento para él y una oportunidad para pasar tiempo juntos. Estimule siempre la fantasía, la imaginación y la creatividad de su hijo. Léele un cuento, ¡incluso dos!

"¿Por qué se cuentan cuentos a los niños? Porque representan uno de los juegos más bonitos a los que pueden jugar juntos niños y adultos. Un juego que no necesita objetos (juguetes) ni espacios (el patio, el bosque) para ser jugado. Uno se sienta. Se juega con las palabras, con la mente, con las imágenes, con los sentimientos".

Gianni Rodari

¿Le ha gustado el libro?

Eso espero.

Trabajo duro para ofrecer contenidos de calidad, pero necesito tu ayuda para crecer. Su contribución realmente marca la diferencia y es muy importante para mí.

Por favor, si te ha resultado útil este libro y te ha gustado, deja una reseña en Amazon, te lo agradeceré mucho. Con su ayuda, podré aumentar la visibilidad del libro y ayudar a muchas más personas.

¡Muchas gracias!

Alice De Santis

Fuentes Imágenes: vecteezy.com

Printed in Great Britain
by Amazon